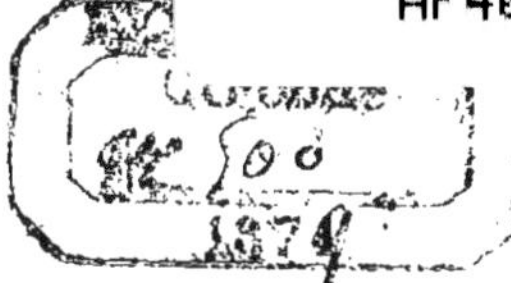

ÉTUDES

PHILOSOPHIQUES, POLITIQUES ET SOCIALES

LE

POT DE CHAMBRE

PAR

Adhémard LESFARGUES-LAGRANGE

Prix : 1 franc

BORDEAUX

IMPRIMERIE A. ARNAUD

30, rue des Facultés, 30

1879

Tous droits réservés.

ÉTUDES

PHILOSOPHIQUES, POLITIQUES ET SOCIALES

LE

POT DE CHAMBRE

PAR

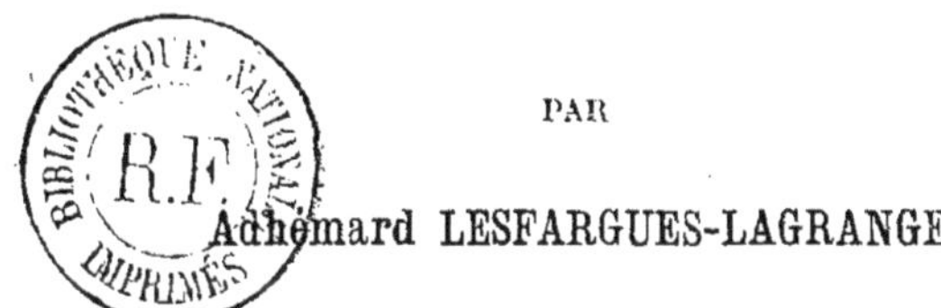

Adhémard LESFARGUES-LAGRANGE

Prix : 1 franc

BORDEAUX

IMPRIMERIE A. ARNAUD

30, rue des Facultés, 30

1879

Tous droits réservés.

AVERTISSEMENT

J'avais nourri l'idée d'écrire un gros volume en traitant le sujet que je livre aujourd'hui au public. Mais la saine réflexion a changé ma manière de voir. En effet, s'il m'eût été facile de produire 4 ou 500 pages, il eût été difficile peut-être de placer une marchandise dont le prix aurait dû nécessairement se ressentir de la dépense occasionnée par la main-d'œuvre. Qui peut sortir aisément 1 fr. ou 1 fr. 50 de sa bourse, y regarderait à deux fois avant d'en distraire une pièce de 5 fr.

Il faut être prévoyant en tout et pour tout. La prévoyance n'est autre chose que cet opportunisme tant décrié... par ceux-là mêmes qui le cultivent journellement sans s'en douter.

Donc, si le *Pot de Chambre* ne fait qu'un tout petit volume, c'est pour qu'il soit à la portée des petites bourses ; c'est pour que l'ouvrier aussi bien que le riche puisse le lire, l'apprécier et le censurer ; — car l'intelligence est l'apanage de tout le monde, et il arrive assez souvent que le possesseur d'un maigre porte-monnaie est propriétaire d'une immense somme de bon sens.

Si j'ai été obligé de résumer mes réflexions philosophiques, politiques et sociales ; si j'ai dû arriver crûment et sans phrases à des solutions, — le fond n'en est pas moins resté intact ; et, si besoin en était, rien ne serait plus facile que d'opérer un développement.

En écrivant le *Pot de Chambre*, j'ai eu l'intention de

mettre au jour un livre des plus sérieux ; car chaque page, chaque phrase et chaque ligne ont été pesées et mûries fondamentalement. Et, quoi qu'il en résulte, il me restera toujours la douce satisfaction d'avoir agi de bonne foi, c'est-à-dire que ma plume aura été l'esclave de ma conscience.

C'est peut-être une hardiesse coupable que celle de la franchise, dans un siècle où les moutons de Panurge et les hypocrites grouillent en tous sens. Mais, au risque d'être seul de mon avis, je ne suivrai pas le mouvement. J'aurai le courage de mon opinion jusqu'au bout ; et si j'ai le vif désir de voir surgir un contradicteur sérieux décidé à critiquer mon œuvre au grand jour, je souhaite vivement que sa conviction soit en harmonie avec son cœur. Alors la lutte serait vive, et l'un des deux combattants pourrait bien tomber pour ne plus se relever. Il faut que force reste à la logique, comme force doit rester à la loi !

Ceci dit, j'ai la ferme conviction que le *Pot de Chambre* sera goûté par les hommes sensés. Et quant à ceux qui seraient tentés de rire au sujet d'un simple énoncé, je ne puis que les prier de se souvenir que l'homme n'est physiquement qu'un pot de chambre naturel.

En effet, séparez un corps par deux coups de dague : l'un tranchant à la hauteur du diaphragme, l'autre à la naissance des cuisses, et dites-moi si la portion du milieu pourrait avoir plus digne logement qu'une table de nuit ?

« Connais-toi toi-même ! » dit le sage.

Sachons d'abord quelle est notre base physique, et notre situation intellectuelle ne pourra qu'y gagner !

Ce n'est pas un déshonneur d'être porteur d'un pot de chambre, mais ce serait faire acte de petitesse et de sot orgueil que sembler l'ignorer ou en rougir !

Bordeaux, le 10 septembre 1879.

LE

POT DE CHAMBRE

LE SECRET DE LA CRÉATION

Si quelque philosophe venait me dire à un moment donné qu'il tient le fil du mystère de la création, je lui répondrais simplement :

« Vous êtes soûl ; repassez demain ! »

L'homme est un mystère de tous les jours, que l'on voit tous les jours, dont l'enveloppe est aussi trompeuse qu'est impénétrable le fond de sa conscience. C'est une énigme en chair et en os, qui parle, mange, boit et se meut dans l'espace, — et pourtant la solution de cette énigme n'appartient à aucun homme.

Quel est celui qui oserait dire en parlant de l'un de ses semblables :

« Je connais cet homme ! »

Les apparences, oui! Mais, le fond?... C'est bien là le cas de répéter les paroles d'un vénérable prêtre mort à la tête d'une des plus importantes cures de Bordeaux : « Un homme peut avoir tous les de-
» hors d'un saint, l'aspect d'un saint; mais rien ne
» nous prouve qu'intérieurement il n'y a pas toute
» autre chose que de la sainteté!... »

Cette simple phrase est tout un livre : le livre humain dont il ne nous est donné que d'apercevoir la couverture plus ou moins bien reliée, maroquinée, coloriée, en bon état ou délabrée.

Ce secret de la création, je l'ai cherché dans les auteurs anciens et modernes. Qu'ai-je trouvé? Rien, sinon des opinions personnelles appuyées sur d'autres opinions également personnelles, et souvent si pleines de contradictions que le plus clair raisonnement qui en découlait était celui du doute universel.

S'il n'est pas possible à la philosophie d'attaquer l'œuvre dans son ensemble physiologique et psychologique, il n'est pas impossible de définir la base matérielle de l'être.

Cette base, c'est le fumier!...

C'est du sein d'un amas d'ordures, préparé pour la circonstance par le Créateur, que sont sortis, parfaitement constitués, à l'état nubile, le premier homme et la première femme.

Ceux qui prétendent que l'homme est le résultat d'innombrables transformations se trompent et trompent ceux qui se nourrissent de leurs idées.

L'homme est un principe physiologique dont les

organes peuvent se plier aux exigences des climats, dont la forme peut subir telles ou telles influences ; mais le principe propre est un : la matière fécale, la pourriture, si vous aimez mieux, qui est dans le corps de l'homme, est la première condition de son existence, et les parties génitales sont justement dans le voisinage du réservoir à pourriture, dont elles sont l'accessoire direct, indispensable, comme pour affirmer que ce réservoir infect est un objet principal, un principe, un indispensable à la grande œuvre de la reproduction.

La base physique de l'homme est donc la pourriture. Mais il y a un sommet renfermant un secret que nulle intelligence n'a pu encore approfondir. Cependant, en envisageant l'ensemble de la création, on peut philosophiquement s'écrier pour définir l'homme :

« C'est un dieu-fumier !... »

Pourquoi ce dieu-fumier a-t-il été créé ? Dans quel but a-t-il été jeté sur la terre ?

C'est le secret du Créateur. Il n'y a qu'à s'incliner.

Et si tout était fini avec la mort ; si l'homme avait son libre arbitre ; si l'existence n'avait d'autre but que celui qui nous apparaît, que celui qui est palpable, — eh bien ! franchement, ne serait-on pas en droit de considérer Dieu comme un grand criminel ?...

Mais il ne peut pas, il ne doit pas en être ainsi. Il est un point que nous ne pouvons apercevoir... L'homme est trop grand pour mourir !

LA PROCRÉATION

Les philosophes qui confondent Dieu et la Nature sont aussi bien dans la vérité que ceux qui attribuent à Dieu seul toutes choses visibles et invisibles. En effet, pour nous, mortels, Dieu et la Nature ne font qu'un ; car nous sommes, en général, toujours tentés de considérer comme objet principal un fonctionnement visible ou palpable, sans avoir la moindre envie de nous attarder à un approfondissement sérieux : à savoir si ce fonctionnement est un effet ou une cause.

Je suis certain qu'il existe encore des peuplades qui, à l'exemple de certains libéraux de l'antiquité, adorent le Soleil. Aux yeux d'une partie du genre humain, une pareille adoration ne peut être envisagée que comme un acte de sauvagerie, et l'on entrevoit facilement toutes les discussions qui pourraient découler de ce fait.

Pour moi, des *sauvages* qui adorent le Soleil sont supérieurs, au point de vue philosophique et religieux, à bien d'autres personnages *civilisés* ou se disant tels.

Qui peut, en effet, nous donner une plus haute idée de Dieu que l'astre par lequel tout est vivifié ?...

Si l'on peut confondre la Nature avec Dieu, on

peut tout aussi bien adorer le Soleil, qui représente le plus profond, le plus mathématique, le plus sublime mystère de la Création.

L'action du Soleil produit sur la Nature un effet magique. Et cette Nature n'est qu'un dérivé du Soleil, qui n'est lui-même qu'un dérivé de Dieu.

Ceci dit pour donner une idée des ramifications qui réunissent comme dans un immense réseau hommes et choses ici-bas, où tout est calculé, le bien comme le mal, où tout doit aboutir à un point donné, — nous allons nous appuyer sur la Nature pour traiter premièrement de la procréation, et secondement du libre arbitre.

La procréation est une action bestialo-machinale à laquelle les êtres sont poussés autant par la Nature même que par le désir de se voir renaître. Ici la volonté ne joue qu'un bien petit rôle ou n'en joue aucun.

Mais ce qui paraît le plus bizarre dans cette grande œuvre naturelle, c'est la manière dont elle reçoit son application. Ainsi, le travail de la procréation doit être recouvert d'un voile, absolument comme si donner la vie à quelqu'un était un crime de lèse-humanité !

Un chef d'État, par l'effet d'un caprice, peut faire tuer dans une journée, sur un champ de bataille, des milliers d'individus, sans que sa dignité ait à en souffrir. On trouverait cela non-seulement tout naturel, mais encore il se pourrait qu'un acte semblable fît surgir une foule d'admirateurs. Il en serait autrement si n'importe quel couple légitime se livrait à la procréation en plein jour, sur la voie publique : le couple serait poursuivi devant les tribunaux et jeté en prison !

Certes, je comprends qu'il faudrait agir ainsi dans ce dernier cas ; mais cela ne peut pas m'empêcher de poser au lecteur cette question :

« Que pensez-vous de la bêtise humaine ? »

La bêtise humaine est le vestibule de la procréation ; et dans ce vestibule nul œil ne peut lire aucune inscription.

En effet, quel être pourrait se flatter d'obtenir un résultat précis dans l'exercice ayant trait à la reproduction des êtres ?

Est-on sûr d'abord d'obtenir un résultat ? Non.

Ce résultat obtenu, n'est-on pas encore en face d'une énigme dont la Nature donnera plus tard la solution ?

On sait qu'un individu se développe chaque jour dans le sein d'une femme ; mais à quel sexe appartient-il ?

C'est le secret de la Nature !

Il est donc établi que l'action des rapprochements reproducteurs est simplement une œuvre bestiale reposant sur l'imprévu le plus mystérieux, le plus insondable. Une autre action a la haute main pour régler et coordonner des résultats dans ce que j'appellerai, sans trop de scrupule, le fouillis universel de la génération ; cette action, c'est celle de la Nature, qui ne laisse jamais empiéter sur ses droits.

Qu'arriverait-il si le libre arbitre pouvait trouver place en cette affaire ? L'équilibre des sexes serait bientôt rompu et il s'ensuivrait peut-être la fin de l'espèce.... Ah! voilà qui serait un bien grand malheur!

Un jour je demandais à un fougueux adepte du libre arbitre, qui ne croyait ni à Dieu ni au Diable, pourquoi sa progéniture ne se composait que de sujets du sexe féminin, et s'il ne serait pas satisfait d'avoir un enfant mâle?

Il me répondit que le jour où sa femme lui donnerait un fils, ce serait le plus beau jour de son existence!

« C'est donc la Nature qui refuse de vous satisfaire?

— Il faut le croire!

— Ah! diable! la Nature compte donc pour quelque chose en ce monde. Et le libre arbitre?

— Ici, la Nature s'oppose à l'accomplissement d'un fait. »

Imbéciles qui croient que la Nature ne s'emploie qu'à des œuvres partielles!

Quelques mois plus tard je rencontrai le même individu en proie à des douleurs assez vives. Il était constipé depuis cinq à six jours, si bien qu'il ne pouvait se livrer au travail de la déjection. Il mangèait cependant comme un ogre.

Quand il m'eut défini sa position, je parus m'étonner grandement de ce qu'un homme en possession de son libre arbitre ne pût arriver à se débarrasser le ventre de matières gênantes qui y avaient été introduites avec peut-être beaucoup trop de libéralisme.

C'était encore la Nature, toujours la Nature.

Diable de Nature !

Il restait une autre contrariété à notre homme. Sa fille aînée, âgée d'une quinzaine d'années, venait d'être retirée de pension, où elle n'avait pu rien apprendre de sérieux, malgré les efforts des meilleurs professeurs. Ce père était désolé, et pour cause.

Je demandai si la demoiselle y avait mis de la mauvaise volonté.

Il me fut répondu que telle avait été son application dans ses études qu'une grande fatigue du cerveau en était résultée, ce qui avait fait craindre un instant des désordres graves.

Je conseillai au partisan du libre arbitre et libre penseur de se livrer à la volonté de l'huile de ricin, sous forme de lavements, puisque sa volonté propre ne suffisait pas, et de faire de sa fille aînée, qui était d'une robuste constitution, une femme de ménage.

Il n'y avait pas d'autre remède à tous ces maux !

A radical, radical et demi !...

Il faut reconnaître cependant que dans cette famille on était en possession d'un libre arbitre sujet à caution !

Mais il est inutile de chercher à accumuler des faits et des exemples à l'appui de la thèse touchant la négation brutale du libre arbitre. Il ne peut y avoir d'agissements partiels dans l'œuvre de la Nature. Avant même que l'œuf de l'ovaire soit fécondé par l'animalcule séminal, il est un principe mâle ou un principe femelle. Aucune action ne peut changer le sexe indiqué par un simple point. Si ce simple point contient un principe intellectuel, ce principe peut se développer, tout seul même, par la suite ; mais si ce point est tout matière, il restera matière, parce qu'il doit rester matière.

Nous arrivons droit à ce fatalisme tant en honneur dans l'antiquité, tant décrié, repris, délaissé, repris encore, et dont la philosophie de l'avenir devra s'emparer inévitablement.

J'entrevois d'ici les idées qu'une telle appréciation philosophique fait surgir, et surtout les arguments que l'on croit tenir en réserve pour embarrasser celui qui nie le libre arbitre.

Ceci est du ressort du chapitre qui suit. Le lecteur n'a qu'à continuer sa lecture pour rencontrer la solution.

L'HARMONIE DU MAL

Tout ici-bas a une harmonie. Le bien a la sienne grâce à l'existence du mal ; et c'est grâce au bien que le mal a son harmonie, parce que, sans le mal, le bien serait privé de relief.

Allez fouiller dans n'importe quelle commune, vous y trouverez en quantité relative un nombre de sujets tarés, de ceux qui sont signalés à l'autorité comme dangereux pour la sécurité publique. A eux seuls, si faible que soit leur nombre, ils tiennent en éveil toute une population. C'est au souvenir de leurs instincts que l'on ferme les portes à double tour quand la nuit est venue, c'est grâce à eux que l'on veille le champ garni d'une récolte presque mûre. Ce sont ces malfaiteurs qui entretiennent l'esprit de vigilance dans le cerveau des honnêtes gens, qui les empêchent de se laisser aller à une confiance illimitée, d'où pourraient résulter des conséquences autrement graves que celles pour lesquelles on se met en garde quand on a dans son voisinage un ennemi déclaré de la société ou de la propriété.

Allez dans un champ quelconque : vous verrez la mauvaise herbe croître à côté de celle qui peut rendre des services !

Allez dans un bois où les champignons poussent en abondance : vous verrez les bons et les mauvais entremêlés comme s'ils étaient des frères, comme s'ils étaient de la même famille, s'imprégnant de la rosée matinale ou bénéficiant ensemble et à égal titre des doux rayons du soleil. Pourtant l'usage des uns serait bienfaisant, nutritif, tandis que celui des autres aurait pour résultat une mort des plus affreuses! Pourquoi ces plantes empoisonnées au milieu d'autres plantes qui sont saines? Et n'est-ce pas la même puissance qui les fait éclore sur le même sol? Tout cela est l'œuvre de la Nature, et j'ajouterai ses secrets.

Le mal, quel qu'il soit, est donc d'essence éminemment naturelle, puisque c'est la Nature, cette affinité de Dieu, qui le place, le divise, le coordonne en lui donnant sa part au soleil, soit sous la forme d'une plante, soit sous une forme animale.

La meilleure preuve que le règne du mal est éternel, c'est qu'aucune puissance humaine n'a été capable de toucher à son harmonie, à son équilibre relatif. Depuis quinze ou vingt mille ans que notre espèce a été créée, a-t-on pu rapetisser tant soit peu la part du mal dans les agissements humains. Non! Dans les desseins grands et petits de la Nature, les efforts contraires s'émoussent en usant ceux qui les emploient.

Hélas! sans la canaille, que de braves gens crèveraient de faim! Le mal est une vache à lait qui désaltère bien du monde. Sans cette vache à lait, qui sait ce qu'il adviendrait?

Bien plus, j'affirme que si le mal n'existait pas, les honnêtes gens seraient obligés de l'inventer. Et ceux qui font le mal concourent autant à faire aimer le bien, à le faire comprendre, que ceux dont toute l'existence est employée à de bonnes œuvres.

C'est donc la fatalité qui pousse à sa guise dans l'arène humaine des champions imbus de bons et de mauvais sentiments, d'où ressort la lutte éternelle, cette condition première de l'existence.

Ainsi, il serait aussi impossible à un honnête homme de faire le mal qu'il est impossible à un malfaiteur de se maintenir dans le droit chemin. D'un côté, il y aurait la conscience qui se révolterait même à l'idée seule d'une action coupable ; de l'autre, pas même l'ombre de la conscience. S'il était possible qu'un honnête homme pût commettre un vol ou un assassinat, il n'y aurait pas besoin de prisons pour le punir : les tortures que lui imposerait sa conscience suffiraient à le briser. Mais là où la conscience est nulle, le châtiment des hommes doit intervenir.

Il est donc établi qu'aux yeux de la philosophie il y a des malheureux et non des coupables. Est-ce à dire pour cela qu'il faille laisser le champ libre aux criminels de toutes sortes ? Oh ! non ! La société doit se préserver par tous les moyens en son pouvoir. Il y aura toujours ce droit de représailles qui est d'essence humaine, droit aussi utile que difficile à annihiler.

Maintenant, direz-vous, comment se fait-il que l'on ne s'incline pas devant tous les agissements humains, puisque ces agissements sont l'effet d'une volonté supérieure? C'est que cette volonté supérieure entretient deux courants destinés à se combattre constamment, sans qu'il puisse y avoir d'autres résultats que ceux désignés par les lois de la coordination suprême.

L'homme est un instrument qui doit avoir à compter avec un autre instrument qui s'appelle l'homme.

Et si vous me disiez que le fatalisme ne peut faire naître que le dégoût de la lutte, pousser l'individu à s'avachir, je vous répondrais ceci : Est-ce que l'homme, pendant son existence, a l'air de se douter un seul instant qu'il est destiné à mourir? Est-ce que sa conduite journalière ne ferait pas supposer qu'il se croit immortel? Et que penser de ces avares qui meurent de faim à côté de pièces d'or qu'ils vénèrent à ce point qu'ils n'osent y toucher pour satisfaire leur corps délabré?...

Tout cela est du ressort de la bêtise humaine.

Il ne faut pas que l'homme se doute qu'il n'est qu'un pantin de chair et d'os ne se mouvant que sous l'effet d'une ficelle aussi solide qu'impalpable; il ne faut pas qu'il conserve dans son imagination cette idée de la mort qui briserait ses mouvements, ses appétits, ses goûts, ses instincts.

Il faut que l'homme se figure qu'il est quelque chose; il faut qu'il se donne de l'importance n'importe comment; il faut qu'il puisse se croire en possession de sa liberté, de son libre arbitre, même dans le cas où il ne peut agir à volonté sur son pot de chambre ; il lui faut, en un mot, cette forte dose d'illusion qui sert à changer l'existence en rêve.

Pour terminer ce chapitre, je vais dépeindre, à l'aide des chiffres, une sorte de gamme du mal.

Je vais supposer que des individus commettent pour un centime de mal par jour, d'autres pour cinq centimes, d'autres pour un franc, etc., jusqu'à concurrence d'un million, chiffre qui représente le plus grand crime. Ceci se passe au grand jour. Croyez-vous qu'aux yeux de la Création celui qui commet pour *un million* de mal est vu différemment que celui dont le chiffre correspond à *un centime?*

Ce serait supposer à la Création un manque de logique absolu. Puisque l'harmonie du mal est palpable, manifeste, il est évident qu'une force supérieure le coordonne, le règle à sa guise en distribuant à chacun son lot ici-bas. Voilà la vérité philosophique.

Et tous ces hommes foncièrement gredins dont les crimes sont inconnus dans la société, qui les respecte et les accueille, croyez-vous qu'ils soient moins coupables pour cela, et que la philosophie peut les oublier? Non, non! tous les faits comptent à ses yeux, que ces faits soient visibles ou invisibles!

Et sait-on combien il y a de crimes impunis? Sait-on le nombre des gredins qui non-seulement passent pour des honnêtes gens mais encore reçoivent des honneurs?...

Ce chiffre tout mystérieux ne manque pas que d'être respectable!

Au pot de chambre, l'humanité!

LE POT DE CHAMBRE

Cet ustensile des plus modestes aux yeux du vulgaire n'en est pas moins un objet principal au point de vue social, politique et philosophique. Le rôle qu'il joue est immense, et pourtant on semble l'ignorer.

Examinant le pot de chambre par son côté social, nous voyons tout le monde s'employer à qui mieux mieux pour le remplir, et quand il s'agit de le débarrasser de son contenu, c'est à qui s'en éloignera au plus vite.

On peut affirmer sans scrupule que cet accessoire constitue le pivot social. Et messieurs les socialistes ne verront guère leurs prodigieux rêves faire place à la réalité que lorsqu'ils seront parvenus à réformer l'espèce humaine de façon à ce que l'utilité du pot de chambre ne soit plus démontrée.

En effet, le pot de chambre disparu, tout marcherait à merveille. Ce grand acharnement à le remplir plantureusement ne se heurterait plus à cette répulsion qui s'impose dans l'opération contraire. Nous serions semblables à ces anges figurés dans les églises qui n'ont que la tête et les ailes, constitution exceptionnelle qui doit leur faire considérer le vase de nuit comme un simple objet de luxe.

Ah! messieurs les socialistes, si vous pouvez opérer une aussi grande transformation physique, votre règne sera éternellement assuré; sinon, vos principes resteront éternellement incompris, car aussi longtemps que l'utilité du pot de chambre sera démontrée, on s'en servira, et tant que l'on s'en servira, il faudra des gens pour le manipuler en temps et lieu!

Ainsi que je le disais plus haut, c'est là le grand pivot social, le stimulant par excellence, indispensable, qu'il s'agisse de la vie civile ou de la vie militaire.

Dans la première, c'est à qui cherchera à se faire une situation qui lui permette d'abandonner à d'autres mains le vase qu'il aura rempli au grand soulagement de son être sinon à la grande satisfaction de sa conscience.

Il en est de même pour la seconde. Le jeune soldat attrapant pour la première fois *Thomas* par une oreille sent naître en lui le désir d'avoir le moins d'accointances possible avec cet essentiel ornement des salles de police. C'est un premier stimulant qui peut conduire au bâton de maréchal.

J'ai eu l'honneur d'être chargé une fois de la toilette du fameux *Thomas*. Le frère d'armes qui me secondait dans cette délicate opération — où la gloire, toute sale qu'elle est parfois, n'entre pour rien — paraissait aussi peu enthousiaste que moi pour l'accomplir. Néanmoins, nous y apportâmes une telle attention, que le caporal qui commandait la corvée nous félicita hautement, à notre grande joie, d'avoir aussi bien débuté dans une manœuvre pleine de périls... pour les pantalons. Nous étions en ce moment au Capitole, si voisin de la Roche Tarpéienne. Voilà que mon compagnon et moi oubliâmes — ce que nous n'avions jamais su — qu'il fallait pourvoir *Thomas* d'une certaine quantité d'eau avant de le remettre à l'endroit à lui destiné !

Nous étions là à attendre d'autres compliments de la part de notre chef, car l'ustensile avait été nettoyé par nous consciencieusement, quand nous nous entendîmes gratifier chacun de deux jours de consigne, pour avoir négligé de mettre de l'eau dans le baquet-pot-de-chambre !

Si la transition était bannie du reste du monde, on pourrait la trouver dans les casernes. C'est sa place naturelle. Et je fus dégoûté du coup de la « corvée de quartier ».

Je parlai le soir même à mon sous-officier d'une réforme que je croyais utile pour stimuler les recrues.

Le lendemain, à l'exercice, le nom de tous les maladroits, de tous les négligents fut couché sur la liste de corvées du caporal de semaine, et dès lors je n'eus plus à m'inquiéter des oreilles de *Thomas*, car j'apportai dans toutes les manœuvres la plus scrupuleuse attention.

En envisageant le pot de chambre au point de vue politique, ne trouvons-nous pas que la politique, vue de près, n'est qu'un immense *Thomas* garni tantôt au quart, tantôt au tiers, tantôt plein jusqu'aux bords? Et lorsque le vase déborde, qu'arrive-t-il? Ceux-là mêmes qui ont le plus contribué à amener ce trop-plein se sauvent en Angleterre ou filent sur Belgique, laissant à d'autres mains la besogne du nettoyage.

Que de grands personnages éloignés du pouvoir volontairement ou évincés par la force des choses ont dû penser à la politique en regardant leur vase de nuit!...

Quant à la philosophie, elle doit regarder le pot de chambre comme un miroir de l'humanité. C'est là qu'est l'homme du commencement à la fin.

L'homme est un dieu-fumier!...

L'INSTRUCTION

L'instruction est une chose que tout le monde a le droit d'acquérir et que tout le monde acquerra certainement. Pas n'est besoin de se mettre en quatre pour la rendre obligatoire. Il vaudrait mieux lui laisser aller son petit bonhomme de chemin que d'exposer la société à posséder trop d'hommes *instruits* avant l'heure.

On m'accusera peut-être de ne pas être partisan de l'instruction obligatoire, de vouloir arrêter l'élan de l'intelligence humaine, etc., etc., le tout en me gratifiant de sentiments peu louables. Il est vrai que je ne suis pas partisan de l'instruction obligatoire, par la raison que la société a plus à perdre qu'à gagner à ce procédé, et, loin de vouloir arrêter l'intelligence humaine dans sa marche, je voudrais au contraire pouvoir lui indiquer le chemin le plus sûr et le plus digne.

Usant d'un droit qui appartient à tout le monde, je me suis permis d'étudier cette question que l'on appelle l'instruction, afin de pouvoir donner mon idée sur ce chapitre important.

Je dois dire d'ores et déjà que ce sujet m'épouvante, tant son horizon est chargé de points noirs.

Ah! si l'instruction en entrant dans un cerveau

humain pouvait y amener la logique, tout serait pour le mieux ! Hélas ! il est loin d'en être ainsi. La logique est capricieuse et ne fait élection de domicile qu'aux endroits qui lui plaisent : tous les professeurs, tous les savants du monde n'aboutiraient pas à lui forcer la main. Je sais bien que ce point est discutable ; mais on ne me prouvera pas le contraire, par la raison que je suis convaincu : je serais de mauvaise foi, ce dont Dieu me garde, si j'émettais toute autre idée.

La première conséquence de l'instruction obligatoire serait l'augmentation du prix des vivres et la diminution forcée du prix de main-d'œuvre dans les villes.

Il est évident que la campagne est désertée à mesure que l'instruction — qu'il ne faut pas confondre avec l'éducation — s'y répand. Ensuite, rien n'est plus dangereux qu'une petite intelligence bourrée d'un peu d'instruction : on peut s'attendre à tout de sa part.

J'ai vécu assez longtemps parmi les paysans, dont j'ai pu étudier les goûts, les mœurs et les aspirations. J'ai vu des fils ne sachant ni lire ni écrire, et quand même très-intelligents, travailler avec leurs parents et s'estimant très-heureux de la condition où ils étaient nés. J'en ai vu d'autres quittant leurs champs et leurs familles pour la ville où ils se figuraient rencontrer une situation *digne d'eux.* C'est qu'ils savaient lire et écrire, ces citoyens : un instrument aratoire ne pouvait plus leur convenir. Leurs malheureux parents n'avaient plus qu'à regretter amèrement les sacrifices qu'ils s'étaient imposés, car ils en retiraient tout le contraire de ce qu'ils avaient espéré.

J'ai remarqué ensuite que les plus *bêtes* parmi les jeunes gens de la campagne étaient justement ceux qui savaient lire et écrire. Et je ne jurerais pas qu'il en fût autrement parmi les jeunes gens de la ville !

Il est entendu que le qualificatif « bête », mot qui rend crûment ma pensée, signifie *privé de logique.*

Aujourd'hui que l'instruction est loin d'avoir porté tous ses *fruits,* le terrain de la production est déjà délaissé pour celui de l'exploitation. Quand un agriculteur a fait venir à grand'peine un sac de pommes de terre, dix *exploiteurs* se jettent sur ce produit pour en tirer des bénéfices au détriment du consommateur. C'est le commerce, branche qui commence à devenir interlope, qui permet à une masse d'individus de se livrer à des manipulations qui ne peuvent avoir pour résultat que la fraude des matières nutritives des deux genres. Et parmi les dix exploiteurs que je viens de signaler, cinq au moins ne se feraient pas scrupule, si cela pouvait se pratiquer, de mêler aux autres des pommes de terre de carton pour en augmenter le nombre et leurs bénéfices.

En sus de l'augmentation du prix des vivres, l'instruction gratifiera l'humanité d'une quantité de ces déclassés qui montrent déjà le nez dans la coulisse. La quatrième page des journaux ne contient-

elle pas déjà les demandes pressantes d'une foule
de personnes *instruites* sans emploi et sans res-
sources ; par exemple, des bacheliers ès sciences
et ès lettres qui demandent une position quelconque dans un bureau quelconque, où ils se conten-
teraient peut-être de quatre à cinq francs par jour
pour ne pas mourir de faim, alors que des arri-
meurs, des bateliers et autres illettrés gagnent une
dizaine de francs par jour ?...

On croit aussi généralement que l'instruction
doit servir à la moralisation. Quelle erreur ! J'ai
remarqué que dans les champs de blé où le fumier
avait été répandu en abondance la mauvaise herbe
était encore plus vigoureuse que le blé lui-même :
à coup sûr, l'ivraie aurait absorbé la situation si la
main de l'homme n'était venue y mettre obstacle.
Dans les champs non fumés cet état de choses ne
se produit pas.

Au fond, l'instruction n'est-elle pas une sorte de
fumier destiné à développer chez les individus des
germes de toutes sortes ? Inévitablement, là comme
ailleurs, le mal prendra la nourriture à égal titre
que le bien, et il en résultera quantité de fieffés
gredins d'un nouveau genre, capables de tenir en
éveil et de créer de grands embarras à la société,
obligée de se préserver.

Au fond, ce qu'on appelle l'instruction n'est
autre chose que le développement complet de tous
les appétits, l'inassouvissement, l'ambition vulgaire,
le dégoût du travail manuel, la fainéantise, l'exploitation sur toutes les échelles de tous les pro-

duits de première nécessité, et par conséquent leur fraude ; c'est le nombre des médecins dépassant celui des malades, les avocats en quête de causes, les huissiers aussi nombreux que les épiciers, etc.

Autrement dit, c'est quelque peu un acheminement vers la plus effrayante des misères : la misère dorée !

Au risque d'ameuter contre moi la cohue des grands et des petits imbéciles qui se disent républicains, socialistes, progressistes ou radicaux, et qui ne sont au fond que des brouillons, je veux terminer ce chapitre en signalant un point noir que les masses n'ont pas entrevu : quand l'*instruction* sera répandue universellement, quand tout le monde saura lire et écrire, il n'y aura plus de place sur la terre pour la République. Ce qu'on appelle l'instruction provoquera une situation politique semblable à celle qu'avait créée l'ignorance, c'est-à-dire qu'une main de fer sera de rigueur pour gouverner des imbéciles lettrés, d'autant plus dangereux qu'ils seront plus éloignés de l'immortelle devise : « Connais-toi toi-même ! »

Hélas ! les larmes sont également provoquées par la douleur et par le rire, deux extrêmes pourtant. C'est la faute à la Nature. Plaignez-vous à elle !

Si je me borne à constater un mal, c'est que le remède n'est pas d'essence humaine. Et c'est déjà beaucoup de le constater. Mais je voudrais que les hommes politiques, les hommes autorisés envisageassent avec une froideur pleine de dignité tout ce qui a trait au progrès; je voudrais qu'ils évitassent de le faire entrevoir comme la fin des tiraillements, comme une corne d'abondance où chacun pourra puiser à sa guise, comme une terre de Chanaam enfin; — car le progrès est l'opposé de tout cela, qu'il apparaisse sous la figure de l'instruction universelle ou sous toute autre figure. Et seuls de grands enfants peuvent s'enthousiasmer et chanter victoire avant d'avoir vu les camps ennemis!

LE PROGRÈS

La Nature, qui a pris des mesures pour amener tout doucement, au milieu d'un nuage d'illusions, des conclusions particulières, agit de la même façon pour ce qui a trait à la conclusion générale.

Le progrès est une médaille qui s'élargit tous les jours, médaille dont nous ne voulons voir que le côté qui nous flatte sans nous inquiéter le moins du monde du revers, qui ne le cède en rien dans sa marche proportionnelle à l'autre côté; c'est-à-dire que l'on ne se préoccupe pas plus de la conclusion générale que de la conclusion particulière. On agit absolument comme si l'une et l'autre n'étaient pas la conséquence inévitable de toute organisation.

Au fond, le progrès est le grand fossoyeur qui creuse tous les jours d'autant la fosse destinée à engloutir l'humanité.

La meilleure preuve que le progrès est une illusion, c'est que chaque siècle écoulé prête à rire à celui qui s'écoule. Nous nous moquons des us et coutumes de nos pères, qui s'étaient moqués eux-mêmes de leurs devanciers, sans songer un seul instant que ceux qui viendront après nous agiront de la même manière en jetant le manteau du ridicule sur les causes de notre enthousiasme, et ainsi de suite jusqu'à la fin des siècles, parce que notre espèce est condamnée à ne jamais découvrir la fameuse solution du non moins fameux problème autour duquel elle se meut, à l'instar de ces chevaux de bois qui servent d'amusement aux grands et petits enfants les jours de foire, et qui sont aux yeux du philosophe la vivante image du progrès.

Si le progrès est la plus trompeuse des illusions, il n'en est pas ainsi de la dégénérescence qui sert de dame d'honneur à la prétendue civilisation. L'affaiblissement physique suit son cours; et quoique sa marche graduelle soit imperceptible, cette marche n'en existe pas moins.

Si l'on veut jeter les yeux sur l'histoire des inventions qui sont un des plus beaux fleurons de la couronne du progrès, on découvre un enseignement qui remplit le cœur d'amertume. On voit les malheureux inventeurs poursuivis, traqués, ridiculisés par leurs contemporains, sans jamais profiter eux-mêmes des efforts de leur génie : on dirait que la Nature, qui les pousse en avant dans une voie nouvelle, veut en même temps les frapper, les punir, comme pour prouver que cette vie nouvelle est une voie trompeuse, fatale.

Il est évident que les chemins de fer, les lignes télégraphiques, les stations thermales, les établissements où des forces motrices impriment le mouvement sous l'action de la vapeur, les usines à gaz, etc., etc., sont autant de causes de dégénérescence, parce qu'il en résulte les transitions qui constituent un des plus grands dangers pour l'organisme; l'infection de l'air respirable, qui constitue un empoisonnement lent, et tant d'autres effets qu'il serait trop long d'énumérer.

Il est clair comme le jour que l'espèce humaine s'empoisonne elle-même de son plein gré ; et ce qui est encore plus clair c'est qu'elle travaille, de plus, à la destruction du globe. Hélas ! c'est par le travail de ces pygmées appelés des hommes que s'accomplira la plus grande œuvre : la démolition de la Terre, qui redeviendra chaos ou qui tombera en poussière sous l'action des terribles éléments de destruction, la plupart encore inconnus, qu'elle renferme dans son sein.

Le creusement des canaux, le déboisement des forêts, le percement des isthmes, tous les travaux souterrains sont autant de causes qui minent peu à peu l'organisation terrestre et qui doivent amener le grand effet. Et l'on suppose bien que ceux qui viendront après nous ne resteront pas les bras croisés ! Ils voudront fouiller, ils fouilleront, et chaque génération fouillera ainsi jusqu'à la grande dégringolade !...

Mais cette grande dégringolade, lecteur, nous ne la verrons pas, car la Terre est de force à supporter des chocs autres que ceux qu'elle a déjà reçus. Pour ma part, je regrette que l'affaire n'arrive pas cette année même, tant j'aurais la curiosité d'examiner la mine que feraient certains fameux radicaux en pareille occurrence ! Gageons que ce serait à coups de discours qu'ils chercheraient à combattre la suprême conclusion ; discours qui produiraient au moins autant d'effet que ceux de même source destinés à changer le caractère humain !

C'est égal, si les *radicaux* des temps futurs sont *plus forts* que ceux qui forment la belle collection actuelle, les gouvernants de l'avenir ne seront pas précisément couchés sur des lits de roses. Il y aura du *tirage* pour contenter tant de monde. Mais aux grands maux les grands remèdes !...

Je ne puis me retenir de rire quand je songe que pas mal d'individus se figurent qu'une sorte de lune de miel politique sera la conséquence de cette diffusion des lumières, y compris l'instruction obligatoire, que le progrès tient en germe sous son aile protectrice. Ne se figurait-on pas aussi que la diffusion de l'art musical allait faire surgir des Nourrit, des Faure ?... Hélas ! il y a loin des rêves à la réalité, et la vérité est que plus on s'occupe de musique plus les sujets sérieux deviennent rares. On a à compter avec la Nature là comme ailleurs.

On peut donc affirmer que grâce à l'instruction universelle les hommes de génie ne seront pas plus nombreux dans l'avenir qu'ils ne l'ont été à toutes les époques, mais qu'en revanche le nombre d'imbéciles aura grossi considérablement. Que de déclassés, que de fainéants, que d'exploiteurs j'aperçois dans un horizon lointain duquel nous nous rapprochons tous les jours un peu ! Et si j'emploie à ce sujet le qualificatif *imbéciles*, c'est pour ne pas en employer un autre.

Que l'on n'oublie pas que la Nature est essentiellement centralisatrice et qu'elle tient en réserve

bien des écueils pour ceux qui veulent entrer en
lutte avec elle. N'essayez pas surtout de forcer la
Nature, car vous courriez risque de travailler pour
le pot de chambre.

Il y aurait matière à écrire des volumes sur ce
chapitre *du progrès* ; mais je tiens à me restrein-
dre. D'ailleurs, dans certains cas, un exemple en
vaut cent.

Je ne puis cependant m'empêcher de citer quelques détails indiquant la marche du progrès à la
campagne. Allez dans n'importe quelle bourgade, et
comptez le nombre des cafés et des auberges qui
s'étalent aux yeux de la population. Vous pouvez
être assurés que dans le village où se trouvait il y a
dix ans une seule auberge, vous pourrez compter
actuellement cinq cafés et autant d'auberges. D'au-
cuns envisagent cet état de choses comme un état
prospère. Ah oui ! c'est la prospérité de la fraude !
Et il ne peut en être autrement ! L'équilibre entre
la production et la consommation étant rompu, les
droits sur les liqueurs et autres boissons ayant doublé, les débitants ayant plus que quintuplé, et l'effectif de la population restant à peu près station-
naire, il faut donc logiquement que quelque chose
d'anormal en résulte ! C'est la fraude, parbleu ! la
fraude organisée, la fraude forcée !

L'argent roule, le corps s'empoisonne ! Mais on
est content. Peu importe que les chemins de fer,
les paquebots emportent nos meilleurs vins dans
toutes les parties du monde : nous tombons en
extase devant la rapidité des communications sans

nous apercevoir qu'un jour viendra où il ne restera plus en France en fait de liquide que celui qui ne sera pas en état de voyager, c'est-à-dire le médiocre.

Et déjà, grâce aux tripotages exercés sur un de nos principaux produits, on n'est pas sûr, en France, d'obtenir rubis sur l'ongle du vin naturel. Plus nous avancerons dans la civilisation, et plus ce point s'assombrira.

Voilà un fait indiscutable, entre mille, qui peut donner sérieusement à réfléchir. Il est pourtant la conséquence du progrès.

Le progrès, c'est la fuchsine !

Le progrès, c'est la fraude !

La fraude, c'est l'empoisonnement lent qui conduit à la destruction de l'espèce humaine !

LA DÉMOCRATIE

Politiquement et socialement, le mot « démocratie » a sa signification propre, sa valeur intrinsèque, c'est-à-dire que la démocratie est l'antipode de l'aristocratie.

L'aristocrate se dit supérieur à son voisin ; il prétend posséder des qualités exceptionnelles par droit de naissance ou par d'autres droits ; il se croit plus apte qu'un autre à tenir les hauts emplois ; il est enfin persuadé que la Nature l'a doué d'une intelligence hors ligne, pour qu'il puisse commander, diriger ses semblables dans les affaires gouvernementales, tout en suivant ce précepte : « Charité bien ordonnée commence par soi-même ! »

Pour avoir le portrait du démocrate, il faut prendre le contre-pied de ce qui précède et conclure avec cet autre précepte : « L'intérêt des autres avant le mien ! »

L'*aristo* est le sot orgueilleux qui s'enveloppe dans un manteau de sot amour-propre ; il a pour principe : *Moi, plus que toi !*

Le *démoc* doit être l'humble fils du *progrès* qui s'incline devant le mérite sans rancune et surtout sans prétention. Il doit ignorer ce qu'est le sot orgueil.

A la suite de ce raisonnement, je veux me donner la satisfaction d'intercaler ici une scène qui a figuré déjà dans ma brochure : *les Bordelais aristocrates*. La forme sera changée, le fond restera le même.

Il s'agirait de se rendre dans la ville réputée la plus démocratique de France, de prendre au hasard la moitié de la population mâle, et de réunir tout ce monde sur une vaste place pour en former une sorte de ligne de bataille.

Supposons que notre ligne soit prête, que chaque homme soit dans l'attitude militaire et que l'effectif soit de cent mille hommes.

Le général en chef arrive ; il est sérieux comme un pot de chambre. Après avoir parcouru le front du corps d'armée, il se place à la distance réglementaire, pour commander ce mouvement : *Imbéciles et idiots, dix pas en avant !*

On entend sa voix sonore :

« *Garde à vos, corps d'armée. — Imbéciles et idiots, dix pas en avant :* ARCHE ! »

Personne ne bouge.

Pardon ! A ce commandement, les imbéciles et les idiots se roidissent et tiennent la tête plus haute ; chacun d'eux fait cette réflexion : « Ce n'est pas à moi qu'il s'adresse, cet imbécile de général ! »

Le général, qui est un malin, ne se tient pas pour battu ; il va trouver un moyen pour prendre les imbéciles au piége.

Il commande :

« *Repos !* »

Après un repos de dix minutes, il reprend sa place de bataille et commande d'une voix forte :

« *Garde à vos, corps d'armée. — Hommes d'esprit, dix pas en avant :* ARCHE! »

Le rangs se dégarnissent à ce commandement qui fait sortir de la ligne plus de quatre-vingt mille hommes. Ce sont les imbéciles qui ont avancé, car chacun d'eux s'est dit : « Mais c'est à moi que l'on s'adresse, cette fois ! » Quant aux dix mille citoyens qui sont restés sur les rangs, ce sont les hommes d'esprit, qui ne se sont pas laissé prendre.

De cette histoire, la morale la voici : Les imbéciles se prennent pour des hommes d'esprit, et les hommes d'esprit se prennent... à rire. Mais le rire n'a qu'un temps.

Rompez vos rangs, populations ; nous sommes fixés à cette heure.

Et maintenant peut-on demander au lecteur combien l'on peut compter de démocrates dans le corps d'armée qui vient d'évoluer ?

Tout beau ! jeunes gens.

Pour faire un civet, il faut un lièvre ; et pour former un gouvernement démocratique, il faut des démocrates.

Des démocrates, s'il vous plaît ?

Des démocrates dans toute l'acception du mot, il n'y en a jamais eu, il n'y en a pas, et il n'y en aura jamais en France.

Il n'y a que de faux démocrates, des démocrates-ruolz. Ce n'est pas en fondant du cuivre que l'on récolte du sable d'or !

Et voilà logiquement pourquoi une République soi-disant démocratique ne sera jamais en France qu'un gouvernement bâtard, sans solidité comme sans bases !...

L'habit ne fait pas le moine ; le blason ne fait pas le noble ; l'attirail ne fait point l'aristocrate.

Le germe aristocratique est partout, partout, sous la blouse comme sous l'habit, n'attendant qu'une circonstance pour prendre des proportions considérables.

Le sot orgueil court les rues, affublé de costumes divers.

Et si l'on voulait voir les plus beaux orgueilleux, les plus beaux ambitieux et les plus autoritaires, — on peut ajouter les plus beaux imbéciles, — il faudrait passer en revue un corps d'armée formé par des radicaux.

Et ces gens-là se disent démocrates !

Au pot de chambre ! saltimbanques de bas étage, vils exploiteurs de la bêtise humaine !

Autrefois on décrétait la victoire.

Aujourd'hui on décrète la démocratie.

Demain on décrétera la vertu !

Ah ! le bon billet qu'avait La Châtre !

LIBERTÉ, ÉGALITÉ, FRATERNITÉ

Voilà trois mots ronflants que l'on veut accommoder à toutes les sauces, que la République a pris pour devise, mais qui doivent surtout fleurir dans les jardins démocratiques.

Si les individus qui blasphèment journellement en jurant par ces trois mots, — dont peu d'hommes comprennent toute la grandeur et toute la portée, — recevaient en paiement des billets à ordre endossés au nom de la liberté, de l'égalité et de la fraternité, ils seraient les premiers à les repousser dédaigneusement.

O logique de notre époque, que tu me fais sourire ! On prône bien haut la valeur d'une chose ; mais quand il s'agit de l'accepter en paiement, on tourne le dos !

La liberté, l'égalité et la fraternité sont trois déesses qui n'ont rien de commun avec l'homme, ce dieu-fumier. Elles habitent le ciel, et, plus craintives que la vertu, qui hante quelques foyers terrestres par-ci par-là, elles ne se sont pas encore décidées à descendre parmi nous ; elles savent sans doute que trois contrebandières affublées de leur nom cherchent à s'acclimater chez les mammifères de tous les étages sociaux de l'ordre civil.

Mais on connaît la valeur en général du trio imposteur :

La liberté... c'est le désordre !

La fraternité... l'hypocrisie costumée en sœur de charité !

L'égalité... le pot de chambre !...

Réunissez le tout dans ce dernier, et confiez cela à la table de nuit !

ORDRE SOCIAL

La question sociale est aussi vieille que le monde ; elle a eu son commencement d'affirmation dès que deux êtres se sont trouvés côte à côte aux prises avec les exigences de la vie.

En présence de la première proie, si le premier partage a été presque équitable, il n'en était pas moins doublé d'hypocrisie, car au fond de la conscience de l'un des deux *partageurs* devait se cacher cette arrière-pensée : « Aujourd'hui, part égale ; mais à la prochaine aubaine je m'arrangerai de façon à avoir la meilleure. »

Voilà le véritable pivot social sur lequel a tourné, tourne et tournera la pauvre humanité.

Si j'ai supposé l'hypocrisie au fond d'une conscience primitive, c'est à titre particulier, car je suis convaincu qu'elle était aussi peu cultivée parmi les premiers hommes qu'elle est florissante de nos jours.

La diplomatie, cette hypocrisie du progrès, n'était point connue de ces géants superbes qui foulèrent les premiers le sol terrestre en décrivant un cercle autour du fumier-naturel-maternel que la Providence avait choisi comme cause et dont ils étaient l'effet !

Les premiers agissements ont dû être un mélange de désordre et de barbarie, toutes choses qui mènent sur cette route plus ou moins directe au bout de laquelle se trouve un *sauveur*.

Des chefs pour régler les différends entre des groupes d'hommes, voilà le commencement de la civilisation et de la centralisation!

Il me serait facile, à l'aide de la métaphore, indispensable en la matière, d'allier les principaux faits de notre histoire contemporaine à ceux dont sont remplies la mythologie et l'histoire sainte, si bien que l'on pourrait tailler dans notre histoire contemporaine une histoire sainte et une mythologie.

Mais je ne veux pas trop m'éloigner du sujet principal de mon livre; je veux prendre la question sociale là où elle présente le plus vif intérêt, là où elle doit être prise.

« Charles le Chauve, l'année même de sa mort (877), dit notre grand historien Michelet, avait signé l'hérédité des comtés; celle des fiefs existait déjà. Les comtes, jusque-là magistrats amovibles, devinrent des souverains héréditaires, chacun dans le pays qu'il administrait. Cette concession fut amenée par la *force des choses*. Charles le Chauve avait au contraire défendu d'abord aux seigneurs de bâtir des châteaux, *défense vaine et coupable* au milieu des ravages des Northmans. Il finit par céder à la nécessité : il reconnut l'hérédité des comtés ; c'était résigner la souveraineté. Les comtes, les seigneurs, voilà les véritables héritiers de

Charles le Chauve. Déjà il a marié ses filles aux plus vaillants d'entre eux, à ceux de Bretagne et de Flandre.

» Ces *libérateurs du pays* occuperont les défilés des montagnes, les passes des fleuves, ils y dresseront leurs forts, ils s'y maintiendront à la fois et contre les barbares et contre le prince, qui de temps en temps aura la tentation de ressaisir le pouvoir qu'il abandonne à regret. Mais les peuples n'ont plus que haine et mépris pour un roi qui ne sait point les défendre. Ils se serrent autour de leurs défenseurs, autour des seigneurs et des comtes. *Rien de plus populaire que la féodalité à sa naissance.....* »

J'arrête ici la citation ayant trait à l'ordre social de l'époque carlovingienne pour arriver à un règne où *rien n'était plus impopulaire que la féodalité,* et où cette dernière reçut des coups qui devaient l'anéantir.

Certes, ces coups portèrent ; car Louis XI, un des plus grands rois de France à tous les points de vue, était un radical autrement conditionné que ceux de notre époque ! Il mettait au service de la besogne autre chose que du *bagout,* et ses allures étaient aussi démocratiques que sont aristocratiques celles des soi-disant démocrates qui forment le plus bel ornement de notre présent ordre social ; mais les efforts du *mauvais bougre* couronné — qui a plus fait à lui tout seul que les hommes de 89 — n'avaient point été assez fructueux, car nous retrouvons la France du dix-huitième siècle dans une condition sociale qui affirmait la dignité humaine à peu près comme cette dernière était affirmée dix ou onze siècles auparavant, c'est-à-dire à l'époque où florissait le fameux Boson, beau-frère du *fondateur* de la *féodalité populaire*.

J'ai trop confiance dans l'intelligence de mes lecteurs et j'ai trop en horreur les longues citations historiques pour m'abandonner à ces rabâchages qui n'ont d'autre valeur que celle de grossir un livre. Le moindre écolier sait que Louis XIV fut un roi que la phrase « L'État, c'est moi ! » dépeint souverainement, et quiconque sait discerner comprend que son règne fut le berceau de ces grands hommes qui sont la gloire et l'honneur de la France, de ces génies qui égalèrent presque ceux du siècle d'Auguste, auprès desquels la plupart des grands hommes de notre époque pâlissent énormément.

Tout le monde sait que Louis XV est tout entier dans ce mot : « Après moi le déluge ! » mot qui cadrerait si bien sur le blason de la radicaille, et nul n'ignore que Louis XVI fut très-populaire au commencement de son règne. Mais, pour son malheur et pour celui de la France, ce monarque était encore plus bourgeois que ne le fut Louis-Philippe. Il se trouvait dans une situation assez analogue à celle de la plupart de nos gouvernants actuels, c'est-à-dire qu'il n'était que la moitié d'un roi et que nos hommes d'Etat de céans ne sont qu'à moitié démocrates... j'allais dire républicains.

Louis XVI eut donc à supporter les conséquences de sa nature peu faite pour tenir dignement les rênes du pouvoir ; mais il paya surtout pour ses prédécesseurs, dont les agissements avaient donné naissance à ces petits nuages précurseurs de l'orage qui contenait les éléments du torrent révolutionnaire. La tête du représentant du droit divin tomba sur l'échafaud comme la plus vulgaire des têtes, et cette décollation suprême inspira une si grande terreur que tous les trônes de l'Europe tremblèrent sur leurs bases. En France on crut un instant que le panier sanglant qui reçut le chef de Capet renfermait les derniers vestiges du dernier des rois!

Quel était donc le sentiment qui poussait les hommes de la Révolution dans l'accomplissement de leurs actes ?

Ce sentiment est renfermé dans ce mot : « l'affirmation de la dignité humaine. »

On sait quel était l'ordre social en France avant 89. On sait aussi comment se conduisirent sur le déclin ces grands hommes qui avaient pris en main la cause la plus louable, j'en conviens, mais dont ils n'avaient pas mesuré la portée !

La majorité de ceux qui avaient accepté la mission de purger la France des aristocrates étaient eux-mêmes des aristocrates de la pire espèce. Les grands hommes qui avaient planté le drapeau de la grande réforme sociale se conduisirent ensuite autour de ce drapeau comme de grands polissons : ils s'envoyaient mutuellement à l'échafaud, au grand scandale de la morale et au profit du plus éclatant désordre et de la plus grande impuissance.

Les trônes d'Europe qui avaient tremblé se raffermirent ; déjà les purs de la Révolution « avaient eu peur de leur ouvrage » ; la République, à son tour, tremblait sur sa base.

Un tel état de choses ne pouvait durer. Il fallait une main de fer pour rétablir l'ordre. Un Corse était là tout prêt pour accomplir la besogne. Bonaparte sut prendre les rênes du pouvoir au moment voulu, d'abord en républicain, ensuite en radical... et l'on connaît le reste !

« J'ai trouvé la couronne de France dans le ruisseau, disait-il un jour, je l'ai ramassée et je l'ai mise sur ma tête ! » Nulle couronne n'a autant coûté à la France en hommes et en argent que celle-là ; et l'on peut certifier que la guerre de 1870 en a été la conséquence. Bref, pour avoir été ramassée dans un ruisseau, cette couronne a été payée bien cher ! Espérons qu'il n'en sera plus question.

Mais qu'est devenu ce panier qui reçut la tête de Louis XVI, objet qui devait être un épouvantail ?

Bonaparte renversé, qui voyons-nous sur le trône de France ?. Les frères mêmes du décapité !

Après Louis XVIII et Charles X, Louis-Philippe (je ne veux pas parler de la République-gamine de 48). Et qui, après Louis-Philippe ? Encore un Bonaparte !...

Vraiment, c'est à se demander si l'espèce humaine n'est pas une bande d'écoliers auxquels il faut le martinet !

Quoi qu'il en soit, si les hommes de 89 décrétèrent la victoire, ils oublièrent de décréter dans le cœur de chacun ce sentiment de dignité humaine indispensable à la consolidation du colossal édifice qu'ils avaient tenté d'élever.

Et maintenant où en sommes-nous après quatre-vingt-dix ans d'évolutions sociales, après tant de bouleversements? Question de nuances à part, c'est-à-dire question de forme, nous sommes fondamentalement dans une situation à peu près analogue à celle qui donna naissance au torrent révolutionnaire.

L'éternelle question d'ordre social se dresse à chaque coin de rue. Ses yeux sont menaçants ; sa main insatiable éprouve le besoin de saisir une proie.

Le paysan, ce fils de la terre, est tenté d'abandonner sa mère après avoir versé son sang pour son affranchissement ; maintenant qu'il peut posséder ou qu'il possède l'objet de ses rêves, il fait fi de ce qu'il a ou de ce qu'il pourrait avoir. Il lui faut autre chose! Quoi? Le sait-il lui-même ! Il envie surtout le sort de l'ouvrier des villes.

L'ouvrier des villes, à son tour, ambitionne la situation du paysan, situation dont il ignore les principaux détails. Quelle que soit la sienne, il n'en est pas satisfait, fût-elle même passable. Le besoin de changement est un terrible besoin ; il fait souvent troquer un cheval borgne contre un aveugle.

Il y a cependant une phrase dans le Code qui marque admirablement l'ère du progrès : « Tout Français a le droit d'acquérir ! » est quelque chose de magnifique. Ainsi, par exemple, un individu possédant cent billets de mille peut acheter une terre qui lui rapportera quatre ou cinq mille francs de revenu. Mais l'ouvrier qui gagne 4 fr. par jour, que peut-il acquérir ? Il ne peut seulement pas faire face aux besoins journaliers. Étant donnée la cherté des vivres, la somme de 4 fr. serait nécessaire pour la seule alimentation d'un seul individu. Et il faut parfois que quatre ou cinq personnes vivent et s'entretiennent sur cette somme de 4 fr. !

Veut-on calculer quelle est la part de pain, de vin et de viande que la somme de 4 fr. peut procurer à cinq bouches ? Et encore 4 fr. par jour représentent-ils un total de 120 fr. par mois. Combien de braves citoyens de la grande famille française ne touchent que 80 ou 100 fr. ! Leur existence est le plus étonnant mystère que l'on puisse imaginer. Des familles vivant avec 80 ou 100 fr. par mois, de nos jours, voilà quelque chose qui tient du miracle. Allez donc mettre en doute, après cela, l'histoire de Jonas et des trompettes de Jéricho ! Je suis bien certain qu'à cette époque on n'aurait pas trouvé le moyen de faire fortune en vendant 1 fr. 50 une bouteille d'alcool déjà frappée par le fisc de 1 fr. 10 de droits !

Prodigieux, prodigieux, le progrès !

Il est vrai que si des malheureux se suffisent avec si peu, des fils de 89, soi-disant démocrates, se gorgent dans des repas où tout est splendide, des repas que je taxerai de scandaleux, et près desquels les fins soupers du temps de la Régence ne seraient que des « déjeuners sous le pouce ! »

Si quelques-uns des viveurs de l'ancien régime faisaient apparition au milieu des festins modernes, ils ne pourraient que s'écrier : « Ils vont bien, les démocrates ! Tudieu ! ils nous ont dépassés ! »

Mais on a fait la Révolution. Ce ne sont plus les nobles qui se gorgent au nez de la multitude. Ce sont les bourgeois. Résultat pour la multitude : Bonnet blanc ou blanc bonnet !

Les populations ont cependant aujourd'hui une satisfaction inconnue dans l'ancien temps : elles peuvent savourer des yeux, dans les journaux, le détail de ces dîners que je qualifie de scandaleux.

Ah ! nous reportons nos regards cent ans en arrière avec dédain et mépris ! Que penseront de nous ceux qui vivront dans cent ans, quand ils sauront quels sont les appointements touchés de nos jours par les professeurs, les instituteurs et les institutrices, les petits employés de toutes les administrations, etc., etc. ?

Rien n'est plus affligeant que la situation de tant de *pauvres* forcés de paraître *riches*. Je l'ai dit déjà, c'est la plus effrayante des misères, la misère dorée, la misère de l'avenir !

Le luxe, cette plaie sociale, qui ne hantait autrefois que le haut de l'échelle, est en train de gangrener aujourd'hui toute la société. C'est un dévergondage pouvant conduire à une catastrophe. Avec le déclassement et le manque d'équilibre entre la production et la consommation, quand la forme prime le fond, on doit s'attendre à tout.

On me fait bien rire quand on fait sonner très-haut ce mot : « la fortune publique ! » En général, la fortune publique repose sur des paires de bot-

tines, des fichus, des boucles d'oreilles, des cha-
peaux de haute futaie, des habits de drap, des robes
de soie, des bracelets, des lorgnons, des mon-
tres, etc. Le plus grand nombre des mammifères
est comme les escargots qui portent, comme chacun sait, leur maison sur le dos.

Prenez au hasard un de ces citoyens si complètement accoutrés mais démocrates quand même :
enlevez-lui tout ce qu'il a sur le corps ; ne lui
laissez que sa chemise et renvoyez-le à son domicile dans un coupé. Je gage que si c'est vers la fin
de la semaine, il n'aura pas cent sous chez lui. Il
sera ruiné du coup et découragé, parce que les
habits enlevés étaient des habits dûs !

Une fortune qui s'étale au soleil sur des épaules
est une fortune aléatoire. La confiance générale ne
mord pas à cet hameçon.

Un autre fait qui est un signe démocratique.
A-t-on jamais vu plus de personnes en condition
que maintenant ? On a crié contre la valetaille
d'autrefois, et le valetage est plus en honneur que
jamais. Toutes les jolies filles de la campagne sont
enlevées à leurs champs pour faire le service en
ville : le moindre employé à 2,000 ou 2,500 fr. veut
avoir dans son ménage une *bonne* pour se faire
servir, et ces *bonnes* portent des toilettes encore
plus inexplicables que le mystère de l'incar-
nation !...

Ah ! oui, la démocratie déborde en France ! Et
nous pouvons compter là-dessus. L'ordre social est
un désordre moral et physique, une fièvre qui s'est

emparée de chaque organisme; le progrès est une
boîte de Pandore d'où s'échappent de plus en plus
la phthisie, le ténia, la goutte, les béquilles, les lunettes, les râteliers, les perruques, l'absinthe, la
pipe, les cartes, le dévergondage et l'imbécillité.

Quand on voit la façon dont les questions sociales
sont traitées après des événements qui auraient dû
mûrir les esprits; quand on voit, dis-je, la manière
dont certains réformateurs envisagent l'acheminement au bien-être général, on peut être persuadé
d'une chose : c'est que les sentiers battus jusqu'à
ce jour sont sablonneux. Il faut abandonner ce
terrain si l'on ne veut capituler bêtement!

N'avons-nous pas encore en France bon nombre
de prétendus Français assez ignorants ou assez co-
quins pour faire l'apologie de la Commune? Ils savent lire et écrire cependant, pour la plupart, et
l'on peut dire que l'instruction chez eux est bien placée. Il faut vraiment être privé tout au moins de
jugement pour ne pas saisir d'emblée la situation
réelle dans laquelle la France aurait été mise —
pour peu de temps il est vrai — si les scélérats qui
dirigeaient le mouvement communard avaient pu
mener à bonne fin leurs coupables projets.

La Commune aurait eu pour conséquence d'abord
le pillage, ensuite un état de choses politiques
équivalant à celui qui existait à la mort de Charles
le Chauve. On voit quel pas en avant ces jolis réformateurs nous auraient fait faire! La Commune flo-
rissant en France, ce serait chaque commune placée
sous la domination d'un tyranneau de la pire espèce

ou le plus effrayant désordre ; c'est mathématique, indiscutable, et le couronnement de chacun de ces deux ordres sociaux serait inévitablement le partage du territoire français au profit des grandes puissances qui l'entourent.

Ceux qui prônent la décentralisation en matière de politique proprement dite ignorent qu'elle aurait pour résultat un relâchement dangereux dans les affaires d'ordre supérieur et le renversement de l'échelle hiérarchique, indispensable à la consolidation du pouvoir. Plus de pouvoir exécutif en France, plus d'ordre social !

En terminant ce chapitre, je tiens à donner mon appréciation sur la franc-maçonnerie, qui est une œuvre antisociale au premier chef. C'est une Société dans la société, un État dans l'État, toutes choses qui sont la négation du principe républicain ; c'est politiquement la coterie organisée, c'est la confraternité bâtarde et la création de catégories parmi les citoyens. Un gouvernement républicain assis sur des bases solides courrait au plus pressé en dissolvant la franc-maçonnerie, qui a déjà reçu un fameux soufflet, il y a peu de temps.

En effet, qu'avons-nous besoin d'un ordre dont la plupart des membres trouvent une certaine gloire à se targuer d'athéisme, d'une Société qui voudrait accaparer la société à l'instar des jésuites dont elle combat illogiquement les tendances, de gens enfin qui trouvent que tout est grimace dans la religion... et qui sont eux-mêmes les premiers grimaciers du monde !

LE SUFFRAGE UNIVERSEL

On a pu lire cette phrase dans ma brochure *le Coup d'Éclat parlementaire du 16 Mai,* publiée sous le régime Fourtou-Broglie : « Le suffrage uni-
» versel n'est présentement qu'un idiotisme de la
» plus belle eau. C'est cependant cet idiotisme —
» relatif bien entendu — qui a jeté par terre, fort
» endommagé, ce fameux droit divin que l'on disait
» inaltérable... »

Cette phrase — qui est ici plus qu'une citation, car elle fait partie de mon livre — m'attira quelques remontrances de la part de certains républicains. Je me contentai de sourire à la barbe de ces jeunes gens qui me blâmaient d'avoir taxé d'idiotisme le suffrage universel, et toujours avec le sourire aux lèvres je lançai à l'un d'eux, en lui fixant le blanc de l'œil, cette interrogation :

« Est-ce la vérité, oui ou non ? »

La question étant serrée, la réponse devait être immédiate.

« Oui, c'est la vérité, me fut-il répondu, mais il ne faut pas le dire. »

J'accueillis ces paroles par un haussement d'épaules significatif. N'ayant pas l'honneur d'être hypocrite, ne sachant pas cacher ma façon de penser, il m'était impossible de discuter avec un bonasse prenant fait et cause, sans s'en douter, pour ce qu'il y a de plus laid au monde : l'hypocrisie.

Je dus me borner à graver dans ma mémoire un fait dont je faisais l'objet d'une étude politique et sociale, tout en conservant l'espoir d'attraper mon sermonneur à la première occasion, car si je *lâche* un homme au milieu d'une question épineuse, c'est presque toujours avec l'espoir de l'*empoigner* plus tard pour le battre avec ses propres armes.

L'occasion que je guettais depuis longtemps se présenta après l'élection au Conseil d'arrondissement qui devait combler le vide laissé par la démission de M. Octave Bernard.

« Eh bien ! me dit le républicain qui m'avait blâmé en 1877 pour avoir écrit une vérité, Castaing est élu conseiller d'arrondissement : que pensez-vous de cela ?

— Je trouve que ça va bien...

— Comment, ça va bien ! Mais je ne comprends pas la première circonscription de Bordeaux ! Où allons-nous ? Ah ! le suffrage universel fait du propre ! »

Je tenais mon homme ; je savourais déjà le plaisir de le battre à plate couture :

« Mais enfin, dis-je froidement, vous me paraissez sous le coup d'une impression qui ne s'explique guère. Un conseiller d'arrondissement...

— Ce n'est pas au point de vue du Conseil d'arrondissement que je me place, c'est à celui du suf-

frage universel qui vient de commettre une *imbécillité...*

— Puisqu'il vous plaît de qualifier l'élection
Castaing, puis-je vous prier de qualifier l'élection
Blanqui, bien autrement importante ?

— L'élection Blanqui, c'est le *désordre.....*

— Très-bien ! Voulez-vous additionner maintenant ces deux résultats : *désordre* et *imbécillité*,
issus des suffrages de la première circonscription
de Bordeaux, et me dire si vous ne trouvez pas ce
produit rationnel : « *Le suffrage universel est un
idiotisme de la plus belle eau ; mais il ne faut pas
le dire !...* »

Mon interlocuteur se souvint, car il rougit. J'étais
vengé.

Ces faits prouvent que toute chose reposant sur
le mensonge est une chose sans base devant s'écrou-
ler d'elle-même au premier choc, et qu'il ne faut
pas s'étonner si l'idiotisme ou l'absurde gouverne
le monde, car le monde n'a jamais été gouverné
différemment. On ne devrait peut-être pas le dire,
mais il en est ainsi, et quiconque voudrait supprimer l'absurdité devrait songer d'abord à sa propre suppression.

Est-ce que l'espèce humaine est autre chose que
l'absurdité même ? Trouvez-moi un seul de ses
agissements qui n'en soit pas marqué au coin ?...

Pour gouverner l'absurde, il faut de l'absurde :
c'est logique ; mais on peut dire de l'absurde ce
qu'on a dit de la vertu : « Faut de l'absurde, mais pas
trop n'en faut ! » Distinguons, cependant. La com-

paraison n'est que pour la forme : la vertu étant quelque chose de presque insaisissable, et le reste pouvant se ramasser par charretées.

Oui, c'est par charretées que l'on pourrait ramasser l'idiotisme et la canaillerie ; et c'est avec ces charretées, dont les conducteurs sont parfois de mauvais aloi, que l'on veut jeter les bases d'un édifice aussi solide que durable.

Vraiment, il y a de par l'univers de bien fortes têtes !

Certes, la société serait bien monotone si bon nombre d'imbéciles n'entraient en ligne dans sa formation... Les imbéciles! les idiots! Que deviendrions-nous, grands dieux! si cette nuance disparaissait! La terre serait triste comme un bonnet de nuit. Plus rien pour nous distraire. Il faut des imbéciles! oh, oui! il en faut ; mais, tudieu! ne trouvez-vous pas, lecteurs, — quoi qu'on en dise, je prends mes lecteurs pour des hommes intelligents, — ne trouvez-vous pas, lecteurs, que la Providence a la main un peu large en semant parmi nous la marchandise en question ?

Cela doit donner à réfléchir politiquement.

Conclusion logique :

Les imbéciles et les... idiots formant la majorité, le suffrage universel tel qu'il fonctionne ne peut qu'amener tout doucement et mathématiquement au pouvoir l'idiotisme et... l'imbécillité.

Je défie tout homme possédant quelque peu d'honnêteté et de bon sens de renverser ce calcul.

La première circonscription de Bordeaux a com-

mencé le branle en affirmant d'abord le *désordre,*
ensuite l'*imbécillité.*

Eh bien ! que la moitié des circonscriptions de
France en fasse autant, et nous verrons les beaux
résultats du suffrage universel !

Ce qui est arrivé à Bordeaux peut arriver ailleurs.
C'est un indice dont il faut tenir compte, un
exemple dont il faut savoir profiter.

Le suffrage universel ne sera bon qu'autant qu'il
reposera sur des bases certaines. Ce sont ces bases
qu'il faut lui procurer.

J'avoue que la solution du grand problème qui
me préoccupe est si simple, si pratique, c'est-à-dire
si facile à être mise à exécution, que ces seuls
motifs peuvent être une des principales causes
d'une prise en non-considération. En France, plus
qu'ailleurs, on aime les complications de toutes
sortes, les longueurs en affaires, les tâtonnements.
Arriver tout d'un coup à l'aplanissement d'une
difficulté serait froisser le caractère national. Chez
nous, la prolixité est en honneur. On aime à faire
de longs discours sur des sujets futiles, discours
possédant un seul mérite : celui d'endormir l'au-
diteur imprudent qui voudrait *en connaître.* C'est
une véritable épidémie que ce besoin de parler
beaucoup pour ne rien dire. Si nous sommes quelque peu Gaulois, comme nous sommes loin de
Sparte !...

En attendant un rapprochement, je vais entrer
d'emblée dans mon sujet ayant trait du même coup
à l'affermissement du suffrage universel et à la ré-

solution du grand problème social intéressant la classe ouvrière.

L'argent, qui est le nerf de la guerre, est aussi le nerf de la paix. Il doit nécessairement entrer en ligne de compte dans toute réforme sérieuse. Je laisse à d'autres la prétention de vouloir trancher à coups de discours le plus inabordable des nœuds gordiens, et, loin de vouloir agir moi-même à la façon d'Alexandre, je veux au contraire prendre ce juste milieu rationnel qui existe en toutes choses et que l'on dédaigne trop souvent au profit des extrémités.

C'est donc une espèce de cens que je voudrais établir en matière électorale; mais un cens qui n'a rien de commun avec celui qui florissait jadis. Celui que je propose serait à la portée de tout le monde. Le voici :

Pour être électeur politique en France, il faudrait verser, suivant l'indication qui serait donnée, à une caisse spéciale, la somme de 18 fr. par an, c'est-à-dire un sou par jour.

L'argent de cette *caisse spéciale* servirait au soulagement des ouvriers malheureux, aux invalides du travail ; ce serait une retraite sûre pour les vieux jours, dont tout ouvrier bénéficierait indistinctement, qu'il fût électeur politique ou non.

Il se créerait ainsi une catégorie d'ouvriers notables qui pourraient seuls contribuer à la nomination des représentants devant former le grand rouage de l'État. Il y aurait cette stimulation qui touche de si près à la dignité, et le suffrage universel reposerait sur quelque chose. Cela étant, 20,000 voix auraient plus de poids que 100,000 dans les conditions présentes, la quantité n'ayant jamais été en quoi que ce soit la qualité.

La ville de Bordeaux, par exemple, qui compte plus de 40,000 électeurs inscrits, n'en eût-elle que 20,000 après l'effet de l'idée que je préconise, que ce serait déjà un chiffre respectable, car ce chiffre agirait sûrement. Ces 20,000 électeurs, en apportant leur concours aux affaires de l'État, résoudraient le grand problème social. Cette somme de 360,000 fr. qu'ils auraient versée pour la plus noble des causes serait effectivement une portion de granit destinée à la construction du socle sur lequel devrait reposer le gouvernement de la nation.

On objectera peut-être que cette somme de 18 fr. par an serait trop forte pour la bourse d'un grand nombre de citoyens appartenant à la classe ouvrière. S'il en était ainsi, une mesure serait urgente pour améliorer des situations qui seraient un déshonneur pour la République.

Parmi ceux qui se plaindraient de ne pouvoir *sacrifier* un sou par jour pour jouir de la faculté élective, on ne devrait pas être surpris de rencontrer ceux-là mêmes qui se fourrent dans le nez ou fument pour 20 centimes de tabac par jour. Eh bien! dans ce cas, il n'y aurait qu'à honorer du plus profond mépris ceux qui n'auraient ni le courage ni la dignité de savoir distraire un sou sur trois d'une dépense bestiale pour se mettre en situation de prendre part aux affaires gouvernementales d'abord, ensuite au soulagement d'infortunes dignes à tous égards de l'intérêt général.

Si la classe ouvrière renferme, comme les autres classes du reste, et relativement, de bien tristes sujets, elle n'en est pas moins la plus intéressante à tous les points de vue. Le proverbe « Les mauvais portent tort aux bons » a prise partout; mais ici il faut voir surtout ceux qui honorent la grande famille ouvrière, ceux qui portent haut et ferme son noble drapeau, ceux qui la rendent digne enfin!

En effet, si le courage, l'abnégation, la persévérance et la ferme résolution étaient bannis du reste des hommes, on retrouverait toutes ces vertus civiques dans la plupart des humbles demeures où des travailleurs viennent reposer chaque soir leurs membres endoloris, parfois meurtris, et où des cœurs battent sous la seule action d'une seule espérance reposant sur de seules illusions!...

Ah! qu'il suffirait de peu pour assombrir ce foyer modeste où se groupe une famille de travailleurs! Que faudrait-il pour faire entrer le découragement par cette même porte où tout à l'heure on entrevoyait l'espérance? Une simple chose : interroger l'avenir!

Alors que pour tant d'autres il est si plein de doux rêves, l'avenir, pour l'ouvrier, est un effrayant tableau sur lequel une main fatale dessine les horreurs de la faim, l'hôpital, les lugubres souffrances de la vieillesse impuissante aux prises avec les exigences et les besoins naturels!

Combien cette perpective a dû troubler de cerveaux encore pleins de séve et de force ! Combien de malheureux ouvriers ont dû se laisser aller sans avoir le courage de lutter contre l'infortune par la seule raison qu'ils n'entrevoyaient au bout de leur existence que la coupe remplie de fiel !

Il faut que le travailleur, à l'opposé de ce qui existe actuellement, puisse envisager l'avenir avec un calme parfait ; il faut qu'il soit persuadé qu'une somme d'argent lui est due et lui sera versée dès que la vieillesse ou quelque autre accident aura paralysé le seul capital qu'il possède : ses jambes et ses bras.

Les Sociétés de secours mutuels existantes ne peuvent agir qu'imparfaitement dans ce qui a trait à la grande question sociale. Le sociétaire est généralement délaissé par elles au moment où il aurait le plus besoin de secours. Si les Sociétés rendent des services passagers, si leur utilité est démontrée, il est démontré également qu'elles ne peuvent dépasser certaines limites : les plus importantes.

Étant donné cet état de choses, je ne vois qu'un seul moyen pour résoudre le problème de la grande question ouvrière : celui qui consisterait à faire de chaque électeur un capitaliste répondant de l'avenir de tous. Une loi arrache bien de force à leurs foyers des citoyens pour créer des défenseurs à la patrie ; il faut arracher de la même façon l'argent nécessaire pour défendre les citoyens besoigneux contre la misère des vieux jours.

Je viens d'indiquer un remède à ce mal : il n'y a que celui-là !

Quant aux rêveurs qui se basent sur l'augmentation des salaires, qui veulent renverser les patrons
au profit des Sociétés coopératives ou autres, —
ce sont des étourdis qui ne connaissent ni leur époque ni les hommes, qui ne se connaissent pas
eux-mêmes !

A quoi tous les Congrès ouvriers ont-ils abouti?
A mettre en évidence beaucoup de fainéants ambitieux n'ayant aucun droit pour prendre la défense
des travailleurs, des individus qui traitaient les
questions les plus ardues avec une désinvolture de
saltimbanques. Ce n'est pas ainsi que l'on aborde tout
ce qu'il y a de plus sérieux. La question ouvrière est
une longue et grosse corde dont il faut connaître
les deux bouts. Qui n'en voit qu'un ne voit rien !

Est-ce que l'augmentation des salaires n'est pas
encore une illusion? Est-ce que, en réalité, les
salaires ont augmenté et peuvent augmenter? Est-ce
que les trois francs d'il y a vingt ans ne valaient pas
les six francs d'aujourd'hui? Et d'ailleurs, l'augmentation de salaire serait-elle autre chose qu'une
illusion, qu'elle n'aurait aucun effet économique.

L'ouvrier gagnant davantage quotidiennement dé-
penserait davantage futilement. C'est dans son caractère, et ce caractère ne peut être changé parce-
qu'il est une conséquence !

Quant à l'idée de supprimer les patrons, on se
demande vraiment si elle est discutable. Mais la
grande famille ouvrière sans patrons deviendrait la
famille du désordre, absolument comme une armée
sans chefs ! Là, plus que partout ailleurs, trop de

décentralisation produirait les plus mauvais effets. Les responsabilités qui reposeraient sur trop de têtes ne seraient que de vaines responsabilités. Il faut surtout, dans toutes choses, ce puissant élément qui s'appelle « l'initiative individuelle ». Annihiler cette utile initiative au profit de la coopération générale, serait le renversement immédiat de l'ordre mécanique, industriel et social.

Il n'est que temps de renvoyer sous l'orme les socialistes de carton. Il ne s'agit pas de détruire un système, ainsi que l'ont rêvé les Cabet et autres fous, voire même les Blanqui et consorts de notre époque : il s'agit de consolider ce système et de l'améliorer. Sans doute ce serait un grand progrès si les maçons et les charpentiers de navires pouvaient travailler « en chambre »; mais il n'appartient qu'aux radicaux socialistes de poursuivre des réformes de ce genre. Les hommes positifs, les véritables amis des travailleurs ne peuvent avoir de si hautes visées : ils s'attachent seulement aux réformes possibles, aux réformes rationnelles, laissant à d'autres l'honneur de recueillir des applaudissements aussi faciles qu'insensés.

Je soutiens donc qu'il n'y a qu'un moyen de résoudre la plus épineuse des questions sociales, la question ouvrière : ce moyen est celui de la solidarité effective par le suffrage universel.

RÉPUBLIQUE ET RÉPUBLICAINS

Il y a une quantité considérable d'individus qui se figurent que la République est un plat social spécialement créé et mis au monde par les cuisiniers politiques français de 89. Ce serait même risquer l'entreprise d'une œuvre laborieuse que vouloir faire entendre à certains que le système de gouvernement qui nous régit aujourd'hui est un système aussi vieux que le monde ; que ce système a été essayé partout, dans les temps les plus reculés et dans les temps modernes, et qu'enfin les républicains ont toujours été relativement aussi nombreux qu'aujourd'hui.

Une des nations les plus voisines de la France et la plus solidement établie monarchiquement, l'Angleterre, nous a devancés dans l'essai d'un gouvernement républicain. Après la secousse révolutionnaire qui amena la mort de Charles Ier, la République y fut établie. Le Capet anglais, condamné à mort par le Parlement, fut exécuté en 1649. On put croire alors chez nos voisins que la race des Stuarts était à jamais tombée, comme on crut, chez nous, trancher la tête du dernier des rois en faisant tomber celle de Louis XVI.

Mais l'illusion ne fut pas de longue durée en

Angleterre. Charles II, fils du décapité, reprit possession du trône en 1660. On sait que cette restauration fut l'œuvre du général Monk.

L'histoire de la Révolution en Angleterre a une grande analogie avec la nôtre. On marche dans le sang royal aux abords de la Roche Tarpéienne, et c'est ce même sang qui reparaît plus tard au sommet du Capitole.

Il s'agirait de savoir maintenant si la nation anglaise, qui est la plus florissante, serait dans un état aussi prospère si la République s'y était maintenue depuis la mort de Charles Ier?

Ceci est une simple interrogation.

En Angleterre, pourrait-on dire, la République n'est guère possible, par la raison que les républicains y sont clair-semés !

Voilà qui serait un jugement des plus faux, une erreur capitale, parce qu'il y a relativement autant de républicains sur le sol anglais que sur le sol français. Ici, je suis tenté de demander à ceux qui prennent la France pour la terre classique du républicanisme — comme on pourrait prendre la Normandie pour la source du bon cidre — ce qu'ils entendent par ce qualificatif : « républicain ».

Certes, si crier à tue-tête et à chaque instant « Vive la République ! » si chanter la *Marseillaise* entre deux *renards*, ou si ce seul fait d'avoir une *chique* dans la bouche et la pipe ou la tabatière en poche constituaient le principe des vertus républicaines, on serait sûr de trouver en France un solide élément constitutif !

Mais il faut autre chose que ces diverses *qualités* qui courent les rues pour être en possession des vertus civiques.

Qu'est donc le républicain ?

Le républicain est un homme honnête, jaloux de son honneur et de sa dignité ; qui ne fait d'insulte à personne et que l'on n'insulterait pas impunément ; qui ne veut posséder que du bien légitimement acquis et qui professe le plus grand respect pour la propriété d'autrui ; *républicain* doit signifier *honnête homme* dans toute l'acception du mot, parce que la *dignité* est l'inévitable compagne de l'honnêteté.

Ainsi, il faut bien se garder de confondre un *titre* avec une *qualité* naturelle. On nait républicain comme on nait poète.

Ce mot « républicain » ne peut pas être développé de deux façons. Il est *un* et *indivisible* fondamentalement.

Ceci nous amène logiquement à reconnaître qu'il y a autant de républicains dans les autres partis que dans celui qui s'intitule *républicain*. Qui oserait soutenir qu'il n'y a pas d'honnêtes gens parmi es légitimistes ou les orléanistes, voire même parmi les bonapartistes ? Eh bien ! ces gens-là ne sont autre chose au fond que des républicains, puisque cette qualité a été considérée de tous temps comme un reflet de la dignité humaine.

Mais, dira-t-on, comment se fait-il que ces monarchistes imbus des qualités essentielles ne viennent pas grossir le nombre des défenseurs de la République ?

La réponse est facile.

On peut être vertueux et n'avoir aucune con-fiance dans la vertu générale ; on peut être honnête et croire que l'honnêteté est clair-semée ; on peut être raisonnable et douter de la raison universelle.

C'est une question de foi plutôt qu'une question de principes.

La République étant l'affirmation de la dignité humaine, il reste à savoir si cette dignité est affir-mée ou peut s'affirmer.

Les républicains disent *oui*.

Les monarchistes disent *non*.

Deux partis sont en présence. Ces deux partis ne peuvent avoir qu'un juge : l'avenir.

On saura bien, tôt ou tard, quelle est la valeur des lettres de change tirées sur l'honnêteté géné-rale et celle des billets à ordre endossés au nom de a sagesse humaine.

Quand les poires sont mûres, elles tombent !

Chassez le naturel, il revient au galop.

Ceux qui ont assisté aux réunions publiques depuis 1870 jusqu'à présent ont pu se rendre compte de ce que l'on pourrait récolter si la liberté était cultivée en pleine terre, et juger quelle est la somme de dignité qui en découlerait.

Et dire que tous les culotteurs de pipes, les ivrognes, les idiots, les fainéants, les vaniteux, les désordonnés et les voleurs se prétendent républi-cains !

Ah ! elle serait propre la République s'appuyant sur de tels souteneurs !...

Au pot de chambre, républicains de carton, radicaux et autres !

Vous n'appartenez et vous n'appartiendrez jamais qu'à un seul parti : celui du désordre !...

LES DEUX ARISTOCRATIES

Il n'est pas de suprématie sans prestige. Tout prestige, d'où qu'il vienne, a toujours pour point de départ une supériorité quelconque, dont la valeur peut être effective ou fictive; mais il n'en résulte pas moins cet effet exceptionnel, particulier, qui a mis en relief le principe *aristocratique*.

La NAISSANCE et l'INTELLIGENCE sont deux puissances qui ont toujours joué le principal rôle dans le monde. On peut même ajouter qu'elles ont tour à tour été l'une ou l'autre au poste d'observation ou au poste de combat. Mais la première, qui représente la *vieille aristocratie*, a dû céder le pas à la seconde, que j'appellerais volontiers l'*aristocratie moderne*.

Il ne faut pas se dissimuler que le prestige de la naissance est un de ces préjugés que l'on ne parviendra point à détruire complètement. C'est un vieil arbre qui a résisté à l'émondage et qui résistera longtemps.

L'aristocratie héréditaire, qui se transmettait d'entrailles à entrailles, a le plus souvent tenu en échec celle qui tire son origine du cerveau, tout en la soumettant à ses lois draconiennes. C'est une preuve de plus que la bêtise humaine est autre chose qu'un mot, et qu'il faut sérieusement compter avec elle ici-bas.

Il est évident que la force brutale a dû en imposer aux époques où son rôle était de saison, quand la meilleure persuasion était celle qu'accompagnait un coup de massue, — époque où les discoureurs de notre temps n'auraient pas eu beau jeu !

Hercule étouffant dans ses bras le lion de Némée, tuant l'hydre de Lerne et nettoyant les écuries d'Augias (le besoin s'en fait encore sentir); — Samson assommant un millier de Philistins à l'aide d'une mâchoire d'âne; — Pepin coupant la tête à un lion d'un seul coup; — Charlemagne tuant sur le champ de bataille tout ce qui se trouvait plus haut que son épée; — le maréchal de Saxe tordant du bout des doigts une pièce de six francs — sont autant d'exploits qui ont fait surgir des admirateurs et conséquemment le prestige.

Le premier blason du premier noble, c'est-à-dire du premier aristocrate, a dû être l'effet d'un coup de poing, d'un coup de pied ou d'un coup de massue.

Assommer quelqu'un, fort ou faible, avec ou sans raison; montrer ensuite aux populations ses muscles et son encolure avec des allures significatives, est l'origine de la première supériorité qui a donné naissance à la première *aristocratie*.

Tous ces vieux châteaux tombant en ruines aujourd'hui, autrefois fortifiés, viennent à l'appui de ce raisonnement.

L'*aristocratie héréditaire*, l'accapareuse, celle qui provient de la force brutale, dont la transmission s'opérait d'entrailles à entrailles, de pot de chambre à pot de chambre, tombe en ruines également, tout comme ces vieux châteaux dont elle est l'image. Mais ces ruines, ainsi que je l'ai dit, reposent sur de solides fondements.

Qu'importe ! l'élan est donné ! La chevalerie moderne, qui porte sur son blason l'emblème de l'*intelligence*, s'avance visière baissée vers la vieille chevalerie qui représente les coups de poing, les coups de massue, les coups de dague et les ponts-levis.

C'est là qu'est la grande révolution.

La lutte sera laborieuse : il s'agit de renverser les rôles ; deux principes sont en présence, mais il ne faut pas oublier que ces deux principes sont d'essence aristocratique.

C'est l'INTELLIGENCE qui veut dominer la NAISSANCE, après avoir été dominée par elle ; c'est la noblesse effective qui veut arracher le sceptre des mains de la noblesse fictive.

Travail de géants, jeunes gens !

La bêtise humaine ! la bêtise humaine !

On oublie trop que le prestige est une condition première. On oublie trop ce qu'est le prestige, ce qu'il a fait, ce qu'il fait, ce qu'il peut faire.

Le pouvoir sans prestige est un général en chemise, une femme sans fesses et sans appas, un soldat sans fusil. Le prestige est tout, et ce n'est rien !

Sait-on seulement à quoi il tient?

Mais si Loüis XIV, le roi-soleil, le *grand* roi, avait été vu par le public coiffé d'un bonnet de nuit et assis sur son pot de chambre, cela aurait suffi pour le déconsidérer à tout jamais!

A quoi a tenu le prestige de Napoléon III?

A la redingote grise de son oncle, dans laquelle il s'était drapé!

Puisque tous les régimes ont eu besoin de prestige pour se maintenir, puisque le prestige est la condition première du pouvoir, peut-on se figurer qu'un gouvernement a des chances de s'affermir en France s'il en est totalement privé?

Qui peut nous donner ce prestige?

Est-ce la prétendue démocratie?

Mais on n'a donc jamais supputé ce que pourrait être le fonctionnement sérieux du régime démocratique en France? Rien n'est plus facile que d'en donner une idée.

Prenons comme exemple Bordeaux, et mettons à la tête de la Préfecture celui qui voulait la prendre d'assaut, au 4 septembre 1870, en compagnie de *démocrates éprouvés* :

Il prend fantaisie au préfet Delboy d'aller se promener seul et pédestrement sur les bords de la Garonne. Là étant, il se rencontre nez à nez avec un de ces fidèles qui lui faisaient escorte jadis avec mission de crier « vive Delboy! » sur son passage, de l'acclamer aux moments convenus, ou de le questionner lorsqu'il pérorait dans les réunions publiques.

Le temps est lourd pour la saison ; le démocrate ancien fidèle a soif. Après maintes poignées de main, il est question de fraterniser pour de bon :

« Citoyen préfet; vous souvient-il?... Nous ne pouvons nous dispenser de choquer du verre en l'honneur de la fraternité... »

Le préfet est obligé d'accepter ; sinon, il serait traité d'*aristo*, d'orléaniste ou d'autre chose.

Les débits ne sont pas rares à Bordeaux. Un instant après, le préfet Delboy et son compagnon, c'est-à-dire nos deux *démocrates*, sont attablés dans un coin et se disposent à absorber deux *cognacs* que le mastroquet vient de servir après avoir pressé les phalanges du citoyen-préfet.

On entend bientôt le cri de « Vive la République ! »

C'est le citoyen-fidèle qui vient de lancer cette exclamation patriotique après avoir avalé son liquide et quasiment le verre.

Du fond de la salle, une voix ajoute :

« ..... démocratique et sociale ! »

Pendant ce temps, le préfet, qui est en train de récolter ce qu'il a semé, s'ennuie à dix francs par tête. Mais, de même que noblesse, démocratie oblige. Il faut subir.

Alors, celui qui vient de crier simplement : « Vive la République ! » croit devoir discourir pendant un quart d'heure pour annoncer aux *frères* et *amis* que s'il n'a pas accompagné son premier vivat des mots : *démocratique et sociale*, ces mots étaient néanmoins *dans son cœur !*

Les verres sont regarnis.

« Vive la République démocratique et sociale ! » s'écrie alors le compagnon du préfet, comme pour donner une preuve du sentiment qu'il avançait.

Et toute la bande des démocrates vient s'attabler autour du haut fonctionnaire, qui est poussé à faire un discours :

« Citoyens, dit-il, je *suis heureux* d'être au milieu de vous (*Applaudissements*). C'est grâce aux principes de quatre-vingt-neuf que la démocratie a triomphé (*Bravos prolongés*), et je suis on ne peut plus.... »

Un démocrate : Du vin ! du vin... mastroquet !

M. le Préfet, reprenant son discours : « Je *suis heureux* de me rencontrer au milieu de vous ; mais des devoirs m'appellent ailleurs... » (*Rumeurs.*)

Un démocrate : C'est de la blague ; un préfet républicain doit avoir du temps à sacrifier pour ses amis ! A la santé du préfet de la Gironde ! A ta santé, mon vieux Delboy !...

Et les démocrates de la bouteille s'en donnent à cœur-joie.

Inutile de dire que le préfet ne parvient qu'à grand'peine à quitter le débit, après avoir toutefois payé intégralement l'écot.

Rentré à la Préfecture, il maudit pour tout de bon ce qu'il a fait semblant d'adorer jadis ; il n'ose plus sortir à pied ; il a peur de ses administrés. Ce n'est plus un fonctionnaire respecté : c'est un esclave qui tremble !...

Voilà ce que serait le régime démocratique en

France, si un pareil régime pouvait seulement s'y maintenir et y fonctionner une journée. Voilà le prestige dont il serait entouré !

On prévoit les conséquences finales.

Ce serait l'avilissement dans toute sa *splendeur*.

Mais, je ne cesserai de le répéter, la démocratie en France est une illusion. En général, ceux qui parlent de démocratie à pleine bouche sont des ambitieux de la pire espèce, des hypocrites qui n'auraient qu'à changer de chemise pour devenir les plus dangereux des hobereaux !

Tous les cœurs de cette foule de radicaux qui se mettent bruyamment en évidence ne produiraient pas, passés à l'alambic, une roquille d'essence démocratique !

Ce sont les saltimbanques de toutes les époques à l'éternel affût pour exploiter la bêtise humaine !

Au pot de chambre, la démocratie de contre-bande !

Au pot de chambre, l'hypocrisie !

En politique, fi des illusions !

En effet, si l'illusion peut servir de baume passager dans un cœur en souffrance ; si elle peut servir de nourriture en particulier et procurer de doux rêves, — elle n'a que faire dans le fonctionnement général qui a trait à la chose publique.

A quoi sert de promettre ce que l'on sait ne pas pouvoir tenir ?

Cela se voit tous les jours cependant sur le turf politique. On agit donc d'un cœur léger, absolument comme des écoliers.

Et la conscience? Parbleu! elle est en enfance.

Trève de tous ces enfantillages, s'il vous plaît! Assez de gamineries à cette heure!

Ne nous parlez plus de *liberté*, d'*égalité* et de *fraternité*, trio pour lequel on ne trouverait pas un seul billet de logement; laissez-nous tranquilles avec votre démocratie, qui ne gît que dans le cerveau de quelques bonasses et sous la semelle des souliers de la multitude!...

Envisageons froidement la situation et soyons francs : c'est le seul moyen d'être logiques.

Croyez-vous que les pots de terre parviendront à casser les pots de fer?

Il y a vingt mille ans que le combat a commencé, et le fer est toujours le fer!

Nous n'avons qu'une corde à notre arc pour combattre la *vieille aristocratie*.

La NAISSANCE et l'INTELLIGENCE sont en champ clos.

Laissez-les lutter! dirait Rossignol-Rollin.

Et Rossignol-Rollin n'était pas un imbécile. Mais il savait les exploiter!

LA VRAIE RÉPUBLIQUE

« Nous ne tenons pas encore la vraie République ! mais ça viendra ! » s'écrient les trop fameux du parti. Et les discours font leur office.

Si l'on demandait à ces prophètes ce qu'ils entendent par *vraie République,* ils seraient dans l'impossibilité de donner une réponse sérieuse.

On pourrait être embarrassé à moins.

J'ai dit, et il est notoire, que République doit signifier : « affirmation de la dignité humaine » ; et comme il n'est pas de dignité sans honnêteté, c'est donc l'honnêteté et la dignité réunies qui doivent former le blason républicain.

Cela étant, ne serait-on pas en droit de se demander si la dignité et l'honnêteté n'ont pas quelque analogie avec ces grenouilles en bocal qui franchissent si hardiment chaque barreau de l'échelle barométrique dont leur appartement est pourvu, suivant que la pression atmosphérique vient de l'est ou de l'ouest, du nord ou du midi ?

En effet, quel est celui qui pourrait indiquer combien il y a de nuances dans le parti républicain ? Déjà, à la Chambre, c'est par groupes que se classent nos députés. Il y en a de différentes couleurs, quoique appartenant à la même couleur. Les uns sont bleu clair ou vert tendre, d'autres sont rouge foncé ou rouge clair.

Tout peut donc se nuancer à notre époque : le vin, les étoffes, les cornichons, les prunes reine-claude et la dignité humaine, qui est l'emblème de la République. Tout a son degré maintenant : les choses les plus sacrées comme les choses profanes. On peut être saint pour tout de bon ou saint aux trois quarts ; honnête à demi ou tout à fait honnête ; républicain de première, deuxième, troisième catégorie, et être quand même logé à·la même enseigne : une sorte de boutique à *quatorze !*

Et voilà où nous en sommes après quatre-vingts ans de tiraillements continuels ; l'on ne sait sur quel pied danser, le plus grand désaccord règne dans l'orchestre et parmi les danseurs, et l'on vient encore chanter des louanges en l'honneur du progrès, de la liberté et de la fraternité !

La République-gamine de 1848, on s'en souvient, se distinguait par un côté saillant : les personnages qui formaient le gros noyau du parti avaient chacun en poche une formule républicaine de leur crû. Il n'en fallait pas davantage pour faire surgir un *sauveur !*

Aujourd'hui il faut reconnaître que nos députés républicains, instruits sans doute par les leçons du passé, sont moins en désaccord que leurs devanciers de 1848 ; mais, par contre, le chaos des exigences personnelles s'affirme tous les jours de plus en plus d'une manière inquiétante parmi les commettants. On jurerait qu'un opticien diabolique a semé parmi les populations des milliers de lunettes de tous numéros, dans le but de faire entrevoir la République sous les couleurs les plus variées.

Qui nous donnera donc la vraie République ?

Est-ce le *citoyen* Rochefort et ses acolytes de l'*Avant-Garde démocratique*?

Ceux qui le prétendent peuvent se flatter « que le royaume des cieux est à eux », ou bien ils possèdent les qualités voulues pour entrer dans un établissement où se confectionnent les chaussons de lisière !

Peut-on être aveugle à ce point de prendre des charlatans pour des hommes imbus de quelque foi politique !

Rochefort est un Mirabeau au petit pied.

Au pot de chambre les hypocrites, les exploiteurs de la bêtise humaine !...

Est-ce Blanqui, cet autre aventurier spécialiste, qui peut tracer le chemin conduisant à la terre promise ?

Oui ! si cette terre promise est la terre où fleurissent le désordre, l'incohérence, les coups de poing, la haine à l'état de culte et la révolte en permanence et à main armée !

Hélas ! ce qui se passe depuis quelque temps dans la 1re circonscription de Bordeaux peut nous donner une idée de ce que serait un gouvernement établi sur des bases semblables.

Au pot de chambre, vous qui avez sali la circonscription d'une grande et intelligente cité ! vous qui avez semé la honte et l'indignité tout en prétendant lever l'étendard du progrès !

Arrière, aventuriers de bas étage qui voulez dicter des lois à la loi ! Vous récolterez tôt ou tard le fruit de vos agissements coupables, soyez-en persuadés, ou l'honneur et la dignité seraient bannis du sol national !

Vous avez fait de vos réunions publiques des coupe-gorge où l'honnête homme ne peut se hasarder sans périls, et vos allures de forcenés ont fait verser des larmes à ceux qui portaient au cœur le culte de la liberté !

Vous vous prétendez républicains, misérables ! La République vous renie !...

Le radicalisme, je l'ai dit souvent et je le répète encore tant ma conviction est profonde, est la plus affreuse plaie sociale que notre siècle ait à redouter. C'est une gangrène qui détruira le régime actuel si le remède n'arrive à temps.

J'ai nié la démocratie en thèse générale ; mais j'affirme qu'il n'y a pas un radical parmi tous les aboyeurs qui prônent le radicalisme. J'ai étudié tous ces gens-là un peu partout, et qu'ai-je trouvé ? Des exploiteurs et des bonasses, des vantards, des idiots, des imbéciles ; finalement, des gens qui veulent courir avant de savoir marcher. Et ce sont des politiqueurs de cette pâte qui lorgnent le pouvoir ! Allons donc ! Jamais la France ne sera assez lâche pour s'incliner devant le pire des despotismes : le *despotisme d'en bas !*

Laissons de côté ces saltimbanques qui jettent dans le cœur le découragement et le dégoût, et examinons quel est le système gouvernemental qui peut convenir au caractère français.

J'ai défini déjà la situation politique en signalant le combat engagé entre la *vieille aristocratie* et l'*aristocratie moderne*. Tout est là. Inutile de chercher ailleurs le champ de bataille.

Donc, logiquement, le seul gouvernement qui puisse convenir à un pays aussi aristocratique que le nôtre est un gouvernement aristocratique.

L'INTELLIGENCE et le SAVOIR forment une noblesse qui peut se recruter dans TOUTES LES CLASSES DE LA SOCIÉTÉ, qui est à la portée de quiconque se sent les forces nécessaires pour persévérer dans une résolution. N'est-ce pas la plus belle aristocratie et n'est-elle pas capable de terrasser l'aristocratie héréditaire ? En un mot c'est l'effectif primant le fictif !

Mais, que l'on ne s'illusionne pas ! la tâche sera d'autant plus rude qu'elle devra s'appuyer sur des ACTES et non sur des PAROLES.

Il ne suffit pas de beugler « Vive la République! » pour arriver à l'implanter dans un pays. Il faut avant tout se conduire dignement et crier le moins possible, les cris n'ayant jamais été des preuves de conviction.

Je serais même tout disposé à me méfier de ces enthousiastes à haute gamme, de ces faiseurs de manifestations, de ces organisateurs de banquets en l'honneur de la liberté, de l'égalité et de la fraternité, réunions où la liberté, l'égalité et la fraternité ont plus à perdre qu'à gagner.

Mais je le répète : il faut des actes et non des paroles, du calme et non du bruit. La victoire n'est qu'à ce prix !... Et la seule, la vraie République qui puisse s'entourer de ce prestige qui fait la force d'un gouvernement et d'une nation, c'est la République appuyée sur l'*intelligence* et le *savoir* qui représentent l'*aristocratie moderne*.

Une République démocratique et sociale en France ne peut fonctionner qu'en rêve dans les cerveaux malades. Il ne faut pas y songer, existât-il même — ce que je nie formellement — des démocrates et des socialistes. Mais, dans tous les cas, une pareille République serait une véritable pétaudière, étant donné le caractère des prétendus socialistes et leurs prétendus principes.

Il nous faut un gouvernement autoritaire, une République aristocratique, qui ait la conscience de sa force et le courage de sa mission ; il nous faut un gouvernement qui ait une main appuyée sur la loi, tandis que l'autre est prête à châtier ceux qui seraient tentés de s'insurger contre la loi.

Nous ne voulons pas qu'une poignée d'aventuriers, ainsi que cela s'est vu à Bordeaux, puisse se révolter impunément, au nom du suffrage universel, contre le suffrage même du Parlement français, qui représente la France !

Nous voulons l'ordre, et non le désordre organisé ; la liberté, et non la licence ; nous voulons un gouvernement d'autant plus respectable qu'il saura faire respecter la loi et les législateurs, en tout et pour tout, — parce que c'est le seul moyen d'éviter la pente dangereuse qui conduit à ce relâchement général avant-coureur de l'abaissement et de la ruine d'une nation.

Et si nos hommes d'État venaient nous répéter — ce qui nous a été dit déjà par des hommes politiques — que de tels vœux sont illusoires, nous répondrions ceci en toute conscience :

« Vous n'êtes pas un gouvernement! vous êtes un Préfet-Delboy ! »

Conclusion.

Après de longs jours de deuil, une lueur de prospérité fit tressaillir la France quand M. Thiers, le plus illustre homme d'État des temps modernes, eût obtenu les gages de la plus illimitée confiance qu'ait jamais recueillie souverain s'adressant à la fibre patriotique de ses sujets.

M. Thiers est la fidèle image de la patrie secouant son linceul au bord de la tombe et criant : « Je ne veux pas mourir ! » C'est un nouveau Camille disant aux Prussiens : « Emportez votre or et vos balances ; nous conservons le bien le plus sacré : l'espérance et l'honneur ! »

Et la statue qu'on a élevée à Nancy pour honorer la mémoire du libérateur du territoire n'est rien en comparaison de ce grand souvenir qui vit et qui vivra pendant des siècles au milieu de tout cœur vraiment français !

C'est que M. Thiers était aussi la personnification de l'*aristocratie moderne*. Les souverains étaient honorés de sa visite ; devant lui, les portes de leurs palais s'ouvraient à deux battants, et ils étaient tout heureux de s'entretenir avec celui qu'ils saluaient comme un prince de l'intelligence et qu'ils regardaient comme leur égal, sinon comme leur supérieur.

Tous ces honneurs rendus à l'immortel historien rejaillissaient sur la France, car M. Thiers était également la personnification de la patrie. Son caractère représentait la quintessence du caractère national, et sa subtilité d'esprit prouvait, de plus, qu'il était un jour entré dans les desseins de la Providence de jeter une étoile athénienne sur notre sol gaulois !...

Il n'est pas d'existence qui soit plus édifiante que celle de ce grand citoyen, et il n'est pas de mort plus digne d'inspirer l'amour de la patrie. On retrouve partout dans cette grande âme l'homme d'État, le profond politique ; en un mot, cet opportunisme qui est synonyme de logique et de raison.

Dédaignant de suivre Berryer — cette pure gloire de la légitimité — dans des aspirations d'une autre époque, on voit M. Thiers saluer dans Louis-Philippe la France nouvelle, la France de l'avenir, parce qu'il comprenait que cette étape était une étape nécessaire, parce que sa vaste intelligence scrutait le plus vaste des horizons !

Et lorsque l'Empire eut sombré en entraînant la nation au bord de l'abîme, on eut beau solliciter l'illustre vieillard, on ne recueillit que cette réponse virile : « Non! non! la France n'est plus là! »

Où trouverait-on des exemples d'une pareille fermeté? Où trouverait-on plus de noblesse alliée à tant de patriotisme?

. Ah ! si les soi-disant républicains, toujours prêts à insulter la mémoire la plus pure et la plus vénérée, avaient seulement au cœur la centième partie des vertus civiques centralisées dans la personne de M. Thiers, la République aurait en France un règne éternel, parce qu'elle s'imposerait d'elle-même !...

J'ai dit que M. Thiers personnifiait la France en tout et pour tout. Mais tient-on compte en ce moment des leçons que le maître a données de son vivant, leçons qui doivent servir de jalons après sa mort?

Est-ce que la loi Ferry n'est pas en contradiction avec la politique de M. Thiers? Est-ce que l'article 7, par exemple, n'aura pas pour conséquence une somme d'inconvénients dépassant de beaucoup la somme des bénéfices?

On est opportuniste, ou on ne l'est pas.

En effet, une telle campagne ne s'explique guère; bien plus, elle est incompréhensible. Elle jette gratuitement le bouleversement et le trouble sur un terrain glissant, où la prudence et la persuasion avaient seules le droit de s'aventurer. Et dans quel but, s'il vous plaît? Celui de flatter l'amour-propre des plus dangereux *jésuites* que la terre ait portés : j'ai nommé les démocrates-radicaux.

Ce n'est pas de la politique, c'est de la petite guerre où l'on brûle beaucoup de poudre sans profit, mais non sans périls.

Mais chacun entend la liberté à sa façon. Voilà bien l'écueil !

Grâce à cet article 7, une complication nouvelle. va surgir à la rentrée des Chambres.

Le ministère actuel attend l'extrême-onction, et je ne serais pas le moins du monde surpris si M. Jules Simon était appelé à former un nouveau cabinet. Et si le suffrage universel n'est pas un non-sens, si l'on tient compte et de l'opinion des Conseils généraux sur la question et de la réparation due, M. Jules Simon est le seul homme politique qui puisse remplacer M. Ferry à l'instruction publique dans la prochaine combinaison gouvernementale !

Je sais bien que les feuilles monarchistes poussent à la formation d'un cabinet quasi radical. Si l'on veut user du coup M. Grévy et la République, on n'a qu'à satisfaire de tels désirs.

Mais nous devons avoir confiance en M. Grévy, qui est une des grandes figures de notre époque et que l'on ne remplacerait pas présentement. Il s'inspirera de la mémoire de son illustre prédécesseur, le premier président de la République française. Cette mémoire est la seule qui doive être consultée.

Si Thiers pouvait soulever le couvercle de son cercueil, s'il pouvait se faire entendre, il s'écrierait d'une voix rauque mais convaincue :

« Hommes d'État français, vous faites fausse route!... Tandis que vous vous usez à poursuivre le cléricalisme, vous laissez prendre pied à l'hydre qui doit vous dévorer ! Faites volte-face, et sus au radicalisme !... Le radicalisme, voilà le véritable ennemi !... »

J'ai, lecteurs, l'espérance que le *Pot de Chambre*, loin de vous faire rire, vous portera à réfléchir sérieusement ; et si vous aimez la vérité et la sincérité en toutes choses, vous propagerez cette œuvre autant qu'il dépendra de vous, car elle est le point de départ d'une école nouvelle : celle qui doit combattre à outrance les moutons de Panurge et les hypocrites dont la société moderne est infestée plus que jamais.

Être lu et compris par ceux qui dédaignent le superficiel, voilà ma seule ambition ; car c'est, avant tout, dans le but de satisfaire les esprits sérieux que j'ai mis ma plume au service de la logique, cette arme de l'avenir aussi terrible qu'impitoyable, surtout lorsqu'elle est entre les mains d'un écrivain qui, loin de redouter la chute du ciel, comme les guerriers de la Gaule, n'a que le regret d'être convaincu que cette chute est matériellement et mathématiquement impossible !...

A Monsieur le Sénateur ******.

Monsieur,

Vous êtes de ceux — bien rares, hélas ! — dont le caractère franc et loyal a le don de m'inspirer la plus sympathique considération. A ce titre, permettez-moi de vous consacrer ici quelques lignes ayant trait à la récente conversation que nous avons eue au sujet de l'éventualité politique dont le deuxième tour de scrutin de la première circonscription de Bordeaux renfermait le secret.

« Vous avez donc une bien mauvaise opinion des électeurs ? » me dites-vous quand je vous eus énuméré certains détails.

Et si je vous répondis : « Très-mauvaise ! » c'est qu'il
ne m'était pas possible de répondre différemment, sous
peine de me trouver en contradiction flagrante avec ma
conscience et sans renier la logique.

En effet, quel est le républicain de cœur et d'esprit qui
n'ait pas été profondément affligé et profondément découragé par le scandaleux spectacle politique dont Bordeaux a été et est encore le théâtre ? Peut-on, devant des
faits semblables à l'actif du présent, ne pas nourrir des
doutes concernant l'avenir ?

Ici, j'en appelle aux convictions qui viennent du cœur
et non aux convictions hypocrites !

Et je me plais à croire que la confiance de la France se
repose de plus en plus sur la sagesse du Sénat français ;
car si la Chambre des députés constituait un pouvoir suprême, je suis persuadé que notre jeune République
n'arriverait jamais à l'âge de puberté, étant données les
velléités d'un certain nombre de nos représentants qui ne
sont pas plus observateurs qu'ils ne tiennent compte des
leçons du passé.

Oui, j'ose le dire bien haut et sans parti pris, la France
est surtout représentée par le Sénat ! Et je ne demande
d'autre appui à ma thèse que les événements à venir.

Sur ce, Monsieur le Sénateur, je livre mon présent livre
à votre critique, et je serais trop heureux si les idées qui
y sont émises pouvaient faire surgir en face de moi un
contradicteur de votre caractère. Hélas ! si je le désire, je
suis loin de l'espérer.

Souvenez-vous, et au revoir !

A. L.-L.

TABLE DES MATIÈRES

OUVRAGES DU MÊME AUTEUR

Le Radicalisme et les Radicaux. (Épuisé.)

Dieu, le Soleil, la Terre, l'Homme (Études philosophiques : Psychologie et Physiologie).

Les Bordelais aristocrates, en haillons, en blouse, en habit. (Deux éditions complètement épuisées.)

Les Cuisiniers politiques bordelais. (Trois éditions complètement épuisées.)

Le Coup d'éclat parlementaire du Seize Mai. (Épuisé.)

De Ribérac à Hautefaye. (Épuisé.)

Bordelaises et Bordelais en 1878. (Deux éditions entièrement épuisées.)

Nos Médecins Bordelais en 1878. (Trois séries formant un beau volume de plus de 300 pages ; — 1 fr. chaque série ; — chez les principaux libraires.)

Les Ruolz-Femmes et les Hérons-Filles (Étude sociale). Prix : 60 cent. par la poste. (Ce dernier opuscule est sur le point d'être épuisé.)

Les Grands Petits Hommes du journal « la Victoire » (Étude électorale). Prix : 60 cent. par la poste.

Le Crime de la rue Merle (Études sociales et réalistes). Quatre éditions. Prix : 35 cent. par la poste. (La 4ª et dernière édition est près d'être épuisée.)

Adresser les lettres à l'Auteur, rue Servandoni, 26,
Bordeaux.